公益財団法人ドイツ語学文学振興会　編

独検 過去問題集 2018年版

2級 準1級 1級

ikubundo

本書には，実際に「聞き取り試験」で使用された音声による CD が 2 枚組で付属しています。（ただし，試験開始時の音量調節の部分と「解答の手引き」を読む時間は省いてあります。）
このマークのついている箇所が付属の CD に録音されています。数字が頭出しの番号です。

まえがき
―― ドイツ語技能検定試験に挑まれる皆様へ ――

　独検の過去問題集を手に取り，このページまでお読みくださっているということは，あなたは本当に一生懸命ドイツ語に取り組んでおられる方なのでしょうね。ドイツ語教育に関わるものとして，心よりの感謝と敬意そして友情をお送りいたします。

　私たちドイツ語教師は「ドイツ語を勉強すると，何かいいことありますか？」という質問をよくされます。そういうふうに尋ねてくるのが大学生であれば，「ドイツには近代の諸学問の土台を作ってきた蓄積があります。カントやヘーゲル，フロイトやマルクス，ハイデガーやベンヤミンなどなど，さまざまな学問領域に根本的な影響を与えた学者たちがキラ星のごとくいるのがドイツ語圏の学問史です。英語だけではなく，ドイツ語も学ぶことで，あなたの大学での勉強はぐっと広がりも深まりも得られると思いますよ」とでも答えましょう。あるいは年配の方であれば，「ドイツ旅行はいいですよ。ドイツ語圏は小規模でも魅力的な町が多いですし，どこも美しく，治安も比較的いい。クラシックの音楽会なども，しょっちゅういたるところでやっています。ドイツのビールとソーセージは最高ですし，実はワインも結構おいしい。日本人がヨーロッパ旅行するのに，ドイツ語圏は理想的です」と答えましょうか。

　でも，あなたはきっと，そんなこととは関係なしに，いつの間にかドイツ語を始め，いつの間にか深みにはまってしまったのではないでしょうか。上のような「学問」や「ドイツ旅行」への関心もあるいはおありだったかもしれませんが，それはきっかけに過ぎず，もっと微妙な，いわく言い難い引力によって，ドイツ語に惹きつけられたのではないでしょうか。というのも，外国語学習というのは，ある意味では恋人や結婚相手を見つけることにも似ていて，ある時稲妻に打たれたように好きになることもありますが，そういうことはむしろ稀だからです。どちらかと言えばいつの間にか好きになっていて，一緒に暮らすようになってしまって，今ではいつどんなふうに好きになったのかわからない，下手をすると(?)いまとなっては好きなのかどうかさえわからない (でも離れられない……)，しばしばそんな関係になってしまうのが，外国語との関係だからです。詩人パウル・ツェランや思想家エリアス・カネッティのように，ユダヤ人として第二次大戦中に過酷な運命をたどることになってしまった人たちが，その創作や学問をするため

の言語として結局ドイツ語を（何か国語も使いこなせる人たちでありながら）選ぶことがあるのも，人間と外国語の関係の微妙さを表していると言えそうです。

　私たちは皆，そんなふうにして「運命の力」によってドイツ語に結び合わされた仲間なのです。独検を主催しておりますドイツ語学文学振興会は，全国のドイツ語を教える先生たち，ドイツとオーストリアとスイスの大使館，日独協会，ゲーテ・インスティトゥート，各種語学校やドイツ企業，その他もろもろの機関の方々にご協力をいただきながら，日本とドイツの文化的交流に50年以上努めてまいりました。独検に関心を持ってくださる皆様も，その活動に加わってくださる方々です。このご縁を大切にさせていただけたら，と思っております。皆様にはずっとドイツ語を学び続けていただきたいと思います。そしていつかどこかで直接お目にかかり，日本語でもドイツ語でもお話しさせていただきたいと思います。

　2018年　春

　　　　　　　　　　　　　　　　　　公益財団法人ドイツ語学文学振興会

目　　次

まえがき──ドイツ語技能検定試験に挑まれる皆様へ── i

《2 級》
2 級検定基準 2
2017 年度夏期 筆記試験 問題・解答用紙 3
2017 年度夏期 聞き取り試験 解答の手引き・解答用紙 13
夏期《2 級》ヒントと正解【筆記試験】 17
　　　　　　　　　　　　　【聞き取り試験】 31
2017 年度冬期 筆記試験 問題・解答用紙 39
2017 年度冬期 聞き取り試験 解答の手引き・解答用紙 49
冬期《2 級》ヒントと正解【筆記試験】 53
　　　　　　　　　　　　　【聞き取り試験】 69

《準 1 級》
準 1 級検定基準 80
2017 年度冬期 筆記試験 問題・解答用紙 81
2017 年度冬期 聞き取り試験 解答の手引き・解答用紙 93
2017 年度「独検」二次試験 97
冬期《準 1 級》ヒントと正解【筆記試験】 99
　　　　　　　　　　　　　　【聞き取り試験】 117
二次口述試験 126

《1 級》
1 級検定基準 128
2017 年度冬期 筆記試験 問題・解答用紙 129
2017 年度冬期 聞き取り試験 解答の手引き・解答用紙 145
2017 年度「独検」二次試験 149
Diplom Deutsch in Japan ─ Mündliche Prüfung für die Höchststufe am 28. Januar 2018 150
冬期《1 級》ヒントと正解【筆記試験】 152
　　　　　　　　　　　　　【聞き取り試験】 176
二次口述試験 189

2017 年度ドイツ語技能検定試験結果概要 / 年度別結果比較 191

2級 (Mittelstufe)
検定基準

- ドイツ語の文法や語彙についての十分な知識を前提に，日常生活に必要な会話や社会生活で出会う文章が理解できる。

- やや長めの文章の主旨を理解し，内容についての質問に答えることができる。
  具体的・抽象的なテーマについてのインタビューや短い記事の内容を聞き取ることができる。
  短いドイツ語の文を正しく書くことができる。

- 対象は，ドイツ語の授業を約180時間（90分授業で120回）以上受講しているか，これと同じ程度の学習経験のある人。

2017年度 夏期 ドイツ語技能検定試験
2級

筆記試験　問題

（試験時間　80分）

出題は新しい正書法（単語のつづり方などに関する規則）に従います。解答は新旧いずれの方式でも認めます。

―――― 注　意 ――――

■受験票と机の上の受験番号が同じであることを確認してください。
■携帯電話，スマートフォン，スマートウォッチ等の電子機器類は電源を切り，カバン等にしまってください。机の上に置いてはいけません。
■中途退場は認めません。退場は試験放棄となります。

①問題冊子は試験開始の合図があるまで，開いてはいけません。
②問題冊子は表紙・裏表紙を含めて 10 ページあります。
　余白は下書き・メモ用に使ってかまいません。
③試験監督者の指示に従って，解答用紙の所定の欄に，受験番号・氏名を記入してください。
④解答は黒の HB の鉛筆で強めに記入してください。
　書き直す場合には，消しゴムできれいに消してから記入してください。
⑤**解答はすべて解答用紙の指定された箇所に記入してください。**
⑥記入する数字は，下記の見本に従って書いてください。

■試験が終わっても，指示があるまで席を立たないでください。
■解答用紙は持ち帰ってはいけません。
■この問題冊子の無断転載，無断複製を禁じます。

1

次の(1)〜(3)の問いに対する答えを下の1〜4のうちから一つ選び、その番号を解答欄に記入しなさい。

(1) schwierig – Schwierigkeit などのように形容詞を名詞にするとき、作り方が異なるものを選びなさい。

    1 kalt   **2** gesund   **3** schwach   **4** tief

(2) 下線部にアクセント（強勢）がないものを選びなさい。

    1 Wie würdest du mit dieser Situation umgehen?
    2 Letztes Jahr hat die Firma einen Umsatz von sechs Millionen Euro gemacht.
    3 Gestern haben zwei Unbekannte die Bank gleich bei mir um die Ecke überfallen.
    4 Wer an Übergewicht leidet, sollte mehr Sport machen.

(3) 次の会話文で通常強調して発音される語の、最も適切な組み合わせを選びなさい。

    A: Weißt du schon, was du am Wochenende machst?
    B: Ja, ich werde mir die Klimt-Ausstellung anschauen. Kommst du mit?
    A: Nein, ich habe sie schon gesehen.

    1 Klimt-Ausstellung – anschauen
    2 Klimt-Ausstellung – sie
    3 Klimt-Ausstellung – gesehen
    4 anschauen – sie

2

次の (1) 〜 (4) の問いに対する答えを下の 1 〜 4 のうちから一つ選び，その番号を解答欄に記入しなさい。

(1) 次の文 **a** と **b** の (　) に共通して入る語を選びなさい。

a (　) der Gesundheit willen hat sie aufgehört zu rauchen.
b Warum machst du dir immer noch Sorgen (　) die Kinder?

1　an　　　　2　auf　　　　3　über　　　　4　um

(2) 次の文 (A) 〜 (D) の (　) に入る語が正しい順序で並んでいるものを選びなさい。

(A) Das Kind freut sich über die Kiste (　) mit Spielsachen.
(B) Sie ist alt (　), um die Scheidung ihrer Eltern zu begreifen.
(C) Der Jurist ist (　) an professioneller Erfahrung.
(D) Sein Vorschlag, hier eine Brücke zu bauen, findet (　) Unterstützung.

	(A)	(B)	(C)	(D)
1	reich	genügend	voll	genug
2	reich	genug	voll	genügend
3	voll	genug	reich	genügend
4	voll	genügend	reich	genug

(3) 次の会話の (　) に入る最も適切なものを選びなさい。

A: Wir machen am Samstagabend eine Party. Kommst du auch?
B: Ja, gerne. Am Samstagabend (　).

1　habe ich die Arbeit beendet werden
2　habe ich die Arbeit werden beendet
3　werde ich die Arbeit beendet haben
4　werde ich die Arbeit haben beendet

(4) (A) 〜 (E) を並べ替えて文を完成させるとき，正しい順序になっているものを選びなさい。

Die laufenden Maßnahmen, (　) (　), (　), (　) (　).

(A) in nächster Zeit zu erfüllen　　(B) die Luftverschmutzung
(C) reichen nicht aus　　(D) um die Kriterien　　(E) zu reduzieren

1　(C) → (E) → (D) → (B) → (A)　　2　(B) → (E) → (C) → (D) → (A)
3　(C) → (D) → (A) → (B) → (E)　　4　(B) → (A) → (C) → (E) → (D)

3

次の (1) ～ (5) の **a** と **b** の文がほぼ同じ意味になるように (   ) の中に最も適切な一語を入れて，**b** の文を完成させなさい。その一語を解答欄に記入しなさい。

(1) a Gestern wurde ich gezwungen, Überstunden zu machen.
    b Gestern (   ) ich Überstunden machen.

(2) a Der Wind war sehr stark. Dennoch ist Stefan Röschl bei der letzten Skisprung-Weltmeisterschaft perfekt gelandet.
    b (   ) des sehr starken Windes ist Stefan Röschl bei der letzten Skisprung-Weltmeisterschaft perfekt gelandet.

(3) a Der Lehrer sagte zu den Schülern, sie sollten noch mehr lesen.
    b Der Lehrer sagte zu den Schülern: „(   ) noch mehr!"

(4) a Die Prüfung war so schwierig. Deshalb hat nur die Hälfte der Klasse bestanden.
    b Die Prüfung war so schwierig, (   ) nur die Hälfte der Klasse bestanden hat.

(5) a Als ich heute Morgen aufgewacht bin, waren mein Vater und meine Mutter schon verreist.
    b Als ich heute Morgen aufgewacht bin, waren (   ) mein Vater als auch meine Mutter schon verreist.

4

次の (1) ～ (5) の文で (   ) の中に入れるのに最も適切なものを下の **1** ～ **4** のうちから一つ選び，その番号を解答欄に記入しなさい。

(1) (   ), was du getan hast, hat mir geholfen.
    1 Ganzes   2 Gutes   3 Halbes   4 Nichts

(2) Sven hat (   ) jetzt gut, denn er hat neulich eine Superreiche geheiratet.
    1 es   2 ihn   3 man   4 sich

(3) Ich weiß nicht, (   ) sich die Lage noch verbessern lässt.
    1 insofern   2 inwieweit   3 sodass   4 solange

(4) Kaum zu glauben, mit (   ) Argument du heute nicht in die Schule gehst!
    1 diesem   2 jedem   3 was   4 welchem

(5) Ach, wäre ich gestern (   ) nicht lange in der Kneipe geblieben!
    1 aber   2 bloß   3 so   4 wohl

5

次の (1) と (2) の文章を読んで、それぞれの内容に合うものを **1** ～ **3** のうちから一つ選び、その番号を解答欄に記入しなさい。

(1) 14,5 Millionen Menschen auf der Welt lernen Deutsch als Fremdsprache, hat die letzte Umfrage des Goethe-Instituts 2010 ergeben. In 144 Ländern wird Deutsch an staatlichen Schulen oder Hochschulen gelehrt. Die weltweite Zahl der Deutschlerner steigt sogar wieder, weil das Bild von Deutschland als reformunfähiges Problemkind der EU nicht mehr da ist und wieder als stabile Lokomotive in der Weltwirtschaft gilt. Ökonomische Gründe sind heute mitentscheidend für das Schicksal einer Sprache. Die Vorstellung, jemand lerne Deutsch, um Gedichte zu lesen, entspricht schon lange nicht der Wirklichkeit. Weltweit werden Sprachen eher aus wirtschaftlichen Gründen gelernt als aus kulturellen.

1 Obwohl das negative Bild von Deutschland unverändert bleibt, steigt die Anzahl der Menschen, die Deutsch lernen möchten.
2 Da Deutschland zur Weiterentwicklung der Weltwirtschaft beiträgt, wird Deutsch als Fremdsprache wieder beliebter.
3 Bei der Wahl der Fremdsprache spielen insbesondere kulturelle Gründe eine wichtige Rolle.

(2) Ein Glas Sekt oder Wein machen dem ungeborenen Baby nichts aus, denken offenbar viele schwangere* Frauen. So wissen einer Statistik zufolge nur 44 Prozent der Deutschen, dass Schäden bei Babys entstehen, wenn schwangere Mütter Alkohol trinken. Nach Daten des Robert-Koch-Instituts trinkt fast jede fünfte Frau in der Schwangerschaft Alkohol und riskiert damit, ein Kind mit bleibenden Schäden zur Welt zu bringen.

　　Nach Schätzungen werden bundesweit jährlich 10 000 Babys geboren, die wegen des Alkoholkonsums ihrer Mütter Schäden haben. Darunter befinden sich mehr als 2000 Jungen und Mädchen, die unter dem Fetalen Alkoholsyndrom* leiden und eine schwerwiegende Behinderung haben.

* schwanger: 妊娠している
* Fetales Alkoholsyndrom: 胎児性アルコール症候群

1 In Deutschland ist die Tatsache bekannt, dass Alkoholkonsum in der Schwangerschaft neugeborene Kinder schädlich beeinflussen kann.
2 Den Forschungsergebnissen zufolge trinken beinahe 20 Prozent der Frauen während ihrer Schwangerschaft Alkohol.
3 Die Experten schätzen, dass in Deutschland jedes Jahr insgesamt etwa 12 000 Kinder mit alkoholbedingten Schäden auf die Welt kommen.

6 ある新聞に掲載されたSommer氏に対する次の法律相談の文章を読んで(1)～(5)の問いに答えなさい。

Sehr geehrter Herr Weigelt,

ich habe zum 1. September eine neue Stelle angetreten. (a)Als ich jetzt zum 15. Dezember zwei Wochen Urlaub einreichen wollte, wurde dieser von meinem Arbeitgeber abgelehnt, weil ich noch keinen Anspruch darauf hätte. Ist das richtig?

Ihr Jan Sommer

Sehr geehrter Herr Sommer,

Ihr Arbeitgeber (　A　) Recht. Da Sie noch in der Probezeit sind, müssen Sie für Ihren vollen Urlaubsanspruch mindestens sechs Monate im Betrieb beschäftigt sein. Der volle Urlaubsanspruch entsteht erst nach einer Probezeit von sechs Monaten nach Beginn der Arbeit. Vor Ablauf dieser Probezeit hat der Arbeitnehmer gemäß des Bundesurlaubsgesetzes nur Anspruch auf ein Zwölftel der 20 Tage des Jahresurlaubs für jeden vollen Monat nach Bestehen des Arbeitsverhältnisses. Nach vier Monaten der Beschäftigung entsteht somit ein Anspruch auf knapp fünf Urlaubstage.

Teilweisen Anspruch auf Urlaub haben Sie in Ihren ersten sechs Monaten der Probezeit im Betrieb natürlich auch. (b)Allerdings nur dann, wenn betriebliche Gründe dem nicht entgegenstehen. Wenn Ihre Probezeit vorzeitig beendet werden sollte, müssten Sie entscheiden: Wollen Sie Ihren Teilurlaub gewähren lassen oder lieber eine Urlaubsabgeltung zahlen lassen?

In der Regel sind Arbeitgeber aber damit einverstanden, wenn Mitarbeiter den ihnen bereits zustehenden Urlaubsanspruch beantragen und auch nehmen. Sie können daher keine zwei Wochen geltend machen, sondern höchstens fünf Tage.

Fragen Sie beim nächsten Mal bei Ihrem Arbeitgeber gleich zu Beginn Ihrer Beschäftigung nach, ob er Ihnen grundsätzlich keinen Urlaub in den ersten sechs Monaten gewähren möchte oder ob Sie nicht doch den bereits entstandenen Teilurlaub aufgrund bereits geplanter Reisen nehmen können. (c)Ein offenes Wort kann Missverständnisse auf beiden Seiten verhindern und führt zu einer rechtzeitigen Planung für eine Vertretung.

Ihr Ulf Weigelt

* Urlaubsabgeltung: 休暇補償金

(1) 下線部(**a**)の内容説明として最も適切なものを次の**1**〜**4**のうちから一つ選び，その番号を解答欄に記入しなさい。

1 私が2週間の休暇願を出そうとした時，その権利はないとして雇用者はこれを拒否した。
2 私が2週間の休暇願を出そうとした時，まるで私にその権利がないかのような口調で雇用者はこれを拒否した。
3 私が2週間の休暇願を出そうとした時，その権利は完全に否定できないので，雇用者はこれを認めた。
4 私が2週間の休暇願を出そうとした時，私の要求はあらかじめ協議していないという理由で雇用者はこれを拒否した。

(2) 空欄（　**A**　）に当てはまる語として最も適切なものを次の**1**〜**4**のうちから一つ選び，その番号を解答欄に記入しなさい。

1 gibt　　　2 hat　　　3 nimmt　　　4 setzt

(3) 下線部(**b**)を言い換えたときに，最も意味が近くなるものを次の**1**〜**4**のうちから一つ選び，その番号を解答欄に記入しなさい。

1 Besonders　　　2 Jedoch　　　3 Trotzdem　　　4 Zumal

(4) 下線部(**c**)の内容説明として最も適切なものを次の**1**〜**4**のうちから一つ選び，その番号を解答欄に記入しなさい。

1 不確かな言葉が双方の誤解を引き起こすので，それを防ぐためにも代わりとなる計画が必要である。
2 あいまいな言葉によって双方の誤解が引き起こされるので，仕事上の代理人選びをあらかじめしっかりと計画することが重要だ。
3 率直な言葉によって双方の誤解を避け得るだけでなく，仕事の上でその人の代わりとなる者の選定を適切な時期に計画できることになる。
4 明確な言葉で双方の誤解が回避されれば，代わりとなる別の旅行を適切な時期に計画できる。

(5) 本文の内容に合うものを次の**1**〜**6**のうちから三つ選び，その番号を解答欄に記入しなさい。ただし，番号の順序は問いません。

1 仮採用期間の6か月を経過しなければ，休暇を完全には取得できない。
2 仮採用期間6か月以内の休暇については，全休暇日数を12で割り，働いた月数をかけて計算する。
3 仮採用期間中は，最大5日の休暇を取得することができる。
4 仮採用期間中に仕事を辞めることになった場合，まだ消化していない休暇を取得するか，その休暇に対する補償を求めることができる。
5 被雇用者が休暇の取得を要求した場合，雇用者は法的に全て同意しなければならない。
6 今回，Jan Sommerが二週間の休暇を取るためには，就業時間の始めに雇用者と話し合うべきだ。

7 次のインタビューを読み，空欄（ a ）〜（ e ）に入れるのに最も適切なものを，右の 1 〜 5 のうちから選び，その番号を解答欄に記入しなさい。

Franziska Weisz ermittelt ab heute in der Krimi-Fernsehserie „Tatort". Die Wienerin über den TV-Polizeidienst und neue Rollen.

Interviewer:	Wie kam es zu Ihrem „Tatort"-Engagement?
Weisz:	(a) Aber es war einfach nur eine Einladung zu einem Vorsprechen, danach habe ich den Anruf und die Zusage bekommen.
Interviewer:	Für viele Menschen ist der „Tatort" sonntags um 20.15 Uhr Kult und Ritual. Geht für Sie mit dem Eintritt in die „Tatort"-Familie ein Wunsch in Erfüllung?
Weisz:	(b) Für mich ist es immer nur wichtig, ob der Film gut ist, mich die Geschichte interessiert. Dann schaue ich mir manchmal auch einen Krimi an.
Interviewer:	Sie spielen die Polizistin Julia Grosz, über die der Zuseher so gut wie nichts Persönliches erfährt. Sie steckt in einer Uniform und man wird den Eindruck nicht los, dass sie sich darin versteckt.
Weisz:	Ja, sie versteckt sich – auch weit hinter ihren beruflichen Kompetenzen und weit hinter dem Ehrgeiz, den sie einmal hatte. Mit dieser Uniform versteckt sie sich und benimmt sich auch gegenüber ihrem Partner Falke ablehnend. Sie hat Dinge im Afghanistan-Krieg sehen müssen, die die meisten Menschen nicht erlebt haben. Sie macht den Deckel zu – und das ist auch gut so erstmals.
Interviewer:	Wird sie künftig aufbrechen?
Weisz:	Ich glaube, ein bisschen weit bricht sie schon auf, weil Falke hartnäckig versucht, sie aus der Reserve zu locken. (c) Das ist ja das Tolle am „Tatort", dass man die Figur nicht in 90 Minuten fertig erzählt haben muss.
Interviewer:	Was sind Ihre nächsten Projekte?
Weisz:	(d) Die Geschichte spielt im Eiskunstlaufmilieu. Ich bin eine ehemalige Eisprinzessin, die kleine Schülerinnen quält. Ich stehe an der Bande und brülle. Im Herbst bin ich dann in zwei Filmen zu sehen – im Thriller „Tödliche Gefühle" im Hitchcock-Stil und im TV-Politdrama „Die vierte Gewalt" – da spiele ich eine Staatssekretärin im Gesundheitsministerium, die in Intrigen verwickelt wird.
Interviewer:	Ihre Rollen waren bisher extrem vielseitig: Was fehlt Ihnen noch?
Weisz:	(e) Es ist großartig, dass ich bis jetzt nicht in einer Schublade gelandet bin. Das stete Verwandeln und Verändern macht für mich die Magie dieses Berufes aus. Und es ist mir egal, ob es für das Kino, TV oder für das Web ist. Mir persönlich wären aber mehr Komödien lieber. Es gibt meiner Meinung nach zu wenige, die den Anspruch der Filmkunst erfüllen.

1 So kann man wohl sagen. Ich habe sofort „ja" gesagt, obwohl ich selbst nicht der große Krimifan bin.
2 Ich drehe gerade einen Kinofilm in Berlin unter der Regie von Alexandra Sell.
3 Wie sich die Figur aber weiterentwickeln wird, weiß ich selber noch nicht.
4 Das war ja nichts Besonderes. Ich dachte, das wäre eine tolle Geschichte.
5 Ich sehne mich nach Rollen, die ich noch nicht gespielt habe.

2級 2017年度 夏期 ドイツ語技能検定試験

筆記試験 解答用紙

受験番号: 17S☐☐☐☐

氏名:

手書き数字見本: 0 1 2 3 4 5 6 7 8 9

1 (1) ☐ (2) ☐ (3) ☐

2 (1) ☐ (2) ☐ (3) ☐ (4) ☐

3 (1) _____
(2) _____
(3) _____
(4) _____
(5) _____

4 (1) ☐ (2) ☐ (3) ☐ (4) ☐ (5) ☐

5 (1) ☐ (2) ☐

6 (1) ☐ (2) ☐ (3) ☐ (4) ☐ (5) ☐ ☐ ☐

7 a ☐ b ☐ c ☐ d ☐ e ☐

採点欄 (×5)

2017年度 夏期 ドイツ語技能検定試験
2級
聞き取り試験　解答の手引き
（試験時間　約30分）

> 出題は新しい正書法(単語のつづり方などに関する規則)に従います。

──────── 注　　意 ────────

■ 受験票と机の上の受験番号が同じであることを確認してください。
■ 携帯電話，スマートフォン，スマートウォッチ等の電子機器類は電源を切り，カバン等にしまってください。机の上に置いてはいけません。
■ 中途退場は認めません。

① 指示があるまでページを開いてはいけません。
② 聞き取り試験は2部から成り立っています。
③ 放送されるドイツ語に対する解答のしかたと選択肢などが，2～3ページに示されています。
④ 試験監督者の指示に従って，解答用紙の所定の欄に，受験番号・氏名を記入してください。
⑤ 解答は黒のHBの鉛筆で強めに記入してください。
　書き直す場合には，消しゴムできれいに消してから記入してください。
⑥ **解答はすべて試験時間内に解答用紙の指定された箇所に記入してください。**
⑦ 記入する数字は，下記の見本に従って書いてください。

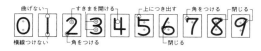

⑧ 放送の指示でページを開き，解答のしかたをよく読んでください。

■ 試験が終わっても，指示があるまで席を立たないでください。
■ 解答用紙は持ち帰ってはいけません。
■ この問題冊子の無断転載，無断複製を禁じます。

第 1 部　Erster Teil

1. 第 1 部は問題（**A**）から問題（**D**）まであります。
2. 問題ごとに短い会話を 2 回聞いてください。会話の内容に合うものを選択肢 **1** ～ **3** の中から一つ選び，その番号を解答用紙の所定の欄に記入してください。
3. 15 秒の間をおいてから，次の問題に移ります。
4. メモは自由にとってかまいません。
5. 第 1 部終了後，第 2 部が始まるまで，30 秒の空き時間があります。

(**A**)　1　Frau Schubert arbeitet bei der Polizei.
　　　2　Herr Strauss findet seinen Geldbeutel nicht mehr.
　　　3　Herr Strauss trifft Frau Schubert auf dem Fundbüro.

(**B**)　1　Sabrina will zur Vorlesung gehen.
　　　2　Sabrina muss nicht zu einem Seminar gehen.
　　　3　Sabrina will an ihrem Referat arbeiten.

(**C**)　1　Die Frau findet ihren Führerschein nicht.
　　　2　Die Frau steigt gerade in ihr Auto.
　　　3　Die Frau sucht ihren Personalausweis.

(**D**)　1　Der Student und die Studentin gehen im Rhein schwimmen.
　　　2　Der Student und die Studentin mieten sich eine Wohnung in Italien.
　　　3　Der Student und die Studentin stimmen darüber ab, was sie in den Ferien machen.

第 2 部　Zweiter Teil

1. 第 2 部は質問（**A**）から（**E**）まであります。
2. 最初に留守番電話に録音されたドイツ語を聞いてください。
3. その後，質問（**A**）を 1 回，それに対する解答の選択肢 **1** 〜 **3** をそれぞれ 2 回読み上げます。最もふさわしいものを一つ選び，その番号を解答用紙の所定の欄に記入してください。
4. 以下同じように，質問（**B**）から（**E**）まで進みます。
5. その後，テキストとそれに対する質問および解答の選択肢を 1 回ずつ読み上げます。
6. メモは自由にとってかまいません。
7. 試験終了の合図と同時に解答をやめてください。
8. 試験監督者が解答用紙を集め終わるまで席を離れないでください。

（**A**）　Mit wem telefoniert die Frau?

    1
    2
    3

（**B**）　Was für eine Arbeit hat Tanja?

    1
    2
    3

（**C**）　Was kauft die Frau?

    1
    2
    3

（**D**）　Wer ruft die Frau auf dem Handy an?

    1
    2
    3

（**E**）　Wie endet die Geschichte?

    1
    2
    3

2017年度 夏期 ドイツ語技能検定試験
聞き取り試験 解答用紙

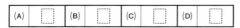

【第1部】

(A)	(B)	(C)	(D)

【第2部】

(A)	(B)	(C)	(D)	(E)

夏期 《2級》 ヒントと正解

【筆 記 試 験】

1 語形変化・アクセント（強勢）

正解 (1) 2 (2) 3 (3) 3

形容詞から対応する名詞を作った時の語形，語アクセント，文アクセントに関する知識を問う問題です。

(1) 正解は選択肢 2 の gesund です。名詞は Gesundheit となります。他の選択肢の形容詞では，語尾に接尾辞 -e をつけて名詞を作ります。選択肢 1 と選択肢 3 ではさらに母音が変音し，kalt が Kälte に，schwach が Schwäche になります。このように接尾辞 -e による名詞の派生ではしばしば形容詞語幹の母音 a, o, u が変音して ä, ö, ü になりますが，接尾辞 -heit による派生では変母音は起こりません。［正解率 62.91％］

(2) 合成語のアクセントの位置に関する知識を問う問題です。正解は選択肢 3 の überfallen です。合成語で接頭辞（前つづり）um-，über- にアクセントが置かれるかどうかは，語によって異なります。選択肢 2 の Umsatz（売り上げ），選択肢 4 の Übergewicht（太り過ぎ）では，アクセントはそれぞれ接頭辞にあります。選択肢 4 を選んだ解答が 27.61％ ありました。文の意味は選択肢 2 が「昨年その会社は 600 万ユーロの売り上げを達成した」，選択肢 4 が「太り過ぎに悩んでいる人はもっとスポーツをした方がいい」です。umgehen と überfallen では，それぞれ同形の分離動詞と非分離動詞があって，アクセントの位置と意味が異なります。分離動詞では接頭辞に，非分離動詞では動詞にアクセントが置かれます。選択肢 1 の文の意味は「きみだったらこの状況にどう対処する？」です。この選択肢を選んだ解答が 30.45％ ありました。ここで使われている表現 mit et^3 umgehen（～を扱う）に含まれる umgehen は分離動詞で，アクセントは um にあります。接頭辞にアクセントがない，非分離動詞の umgehen は「～を避ける」という意味を持ちます。選択肢 3 の文の意味は「昨日，身元不明の二人がうちのすぐ近くにある銀行を襲った」です。überfallen（襲う）は非分離動詞で，アクセントは接頭辞にはありません。アクセントが接頭辞 über- に置かれる分離動詞 über-

fallen は「〜を覆う」という意味の動詞です。［正解率 27.61％］

　（3）文アクセントが置かれる語を問う問題です。ドイツ語の文では，文末や文末に近い名詞や形容詞，動詞などが重要な情報を担い，相対的に強く発音されます。この会話では **A** の「週末に何をするかもう決めている？」という問いに **B** が「クリムトの展覧会を見るつもりだよ。一緒に来る？」と答え，それに **A** が「いや，それならもう見たよ」と返しています。「クリムトの展覧会を見る」ことを伝える時，「クリムトの展覧会を」と「見る」では前者の方が情報的価値が高いと言えます。展覧会であればそれを「見る」のは特別な行為ではないからです。一方最後の **A** の発話では，すでに話題に上った名詞を受けている代名詞 sie には高い情報的価値があるとは言えません。そのため文末の gesehen にアクセントが置かれます。正解は選択肢 **3** です。［正解率 68.81％］

◇この問題は 9 点満点（配点 3 点×3）で，平均点は 4.78 点でした。

1 解説のまとめ

* 形容詞から接尾辞を使って名詞を派生させる際に母音が変音するかどうかは，接尾辞の種類によってある程度予測できるので注意しましょう。-heit, -keit, -igkeit, -schaft などによる派生では，変母音は起こりません。接尾辞 -e を使う場合，この問題にあった kalt → Kälte, schwach → Schwäche の他，groß → Größe, kurz → Kürze, lang → Länge, stark → Stärke など，基になる形容詞がドイツ語固有のものである場合，たいてい変母音が起こります。

* durch-, über-, um-, unter- などを接頭辞とする合成語には，接頭辞にアクセントが置かれるものと置かれないものがあります。動詞の場合，接頭辞にアクセントが置かれるものは分離動詞，そうでないものは非分離動詞です。分離動詞と非分離動詞では文法的用法も異なるので，アクセントの位置で区別してしっかり覚える必要があります。単語だけで覚えるのではなく，短い例文にして覚えると効果的です。

2 語彙・語順

正解　（1）**4**　　（2）**3**　　（3）**3**　　（4）**2**

語の意味や用法，語順，文構成に関する知識を問う問題です。

(1) a は「健康のために彼女は禁煙した」，b は「どうしていつまでも子どもたちのことを心配するの？」という意味です．正解は選択肢 4 の um です．a の um は um et^2 willen（〜のために）という固定した表現の一部です．この表現に含まれる willen はもともと Wille（意志）という名詞だったのですが，現代ドイツ語では元の意味は薄れてしまっています．本来は前置詞 um が 4 格の willen を支配し，2 格名詞が willen を修飾する構造の表現ですが，慣用表現として覚えましょう．b では um は通常の前置詞として sich^3 um jn/et^4 Sorgen machen（〜のことで心配する）という表現の一部をなしています．選択肢 2 を選んだ解答が 32.35％ ありました．［正解率 31.40％］

(2) 正解は選択肢 3 です．(A) の空欄には voll が入ります．voll は前置詞 mit を伴って voll mit et^3（〜でいっぱいの）という表現を作ります．ここでは名詞 Kiste の後ろにつく修飾語として使われています．文の意味は「その子どもはおもちゃがいっぱい入った箱をもらって喜んでいる」です．voll を用いた表現には他にも von を伴うもの（voll von Fehlern（間違いだらけの）），直接 2 格または 3 格の名詞を伴うもの（voll Tränen（いっぱい涙を浮かべて））などもあります．(B) の空欄には genug が入ります．genug は「十分に〜」という意味の副詞で，ここでは alt（〜の年齢の）を後ろから修飾しています．文の意味は「彼女は，両親の離婚を理解するに十分な年齢になっている」です．genügend には，このように後ろから名詞や形容詞を修飾する用法はありません．(C) の空欄には reich が入ります．これは前置詞 an を伴って an et^3 reich sein（〜に富んでいる）という表現を作ります．文の意味は「その法律家は実務経験が豊富だ」です．(D) の空欄には genügend が入ります．これは動詞 genügen（〜に十分である）の現在分詞形で，基本的には形容詞として働きますが，しばしば変化語尾なしで後に続く名詞を修飾します．文の意味は「ここに橋を建造するという彼の提案は，十分な支援を見込める」です．［正解率 54.48％］

(3) 会話文は，A「土曜日の晩にパーティーをするんだけど，きみも来る？」B「ええ喜んで．土曜日の晩にはその仕事を終えているでしょうから」という内容です．正解は選択肢 3 です．会話の内容と選択肢から，未来完了形の語順が問われていることがわかります．未来完了形は，今起きていることあるいはこれから起きることが，未来のある時点までには終わっているだろうと推測する際に用いる表現です．完了形と推量の意味を持つ未来の助動詞 werden を組み合わせて作ります．未来の助動詞 werden は現在形か接続法第 II 式でしか使うことがないので，これが定形として空欄部分の始めに置かれます．これに結びつく完了形は助

動詞が不定形（ここでは haben）になり文末（空欄部分の末尾）に置かれなければなりません。［正解率 71.97%］

（4）複数の語句のまとまりを適切な順序で並べ，文を構成する問題です。正解は選択肢 2 で，「現行の大気汚染低減措置は，近い将来に基準を満たすのに十分ではない」という意味になります。選択肢を見ると動詞を含む選択肢は (**A**)，(**C**)，(**E**) の三つですが，(**A**) と (**E**) では動詞が zu 不定詞（句）になっているので，文の定形になれるのは (**C**) の現在形だけであることがわかります。zu 不定詞はどちらも他動詞です。目的語となる名詞との組み合わせを考えると，内容的に (**B**) と (**E**)，(**D**) と (**A**) がそれぞれ結びつきます。文頭の「現行の措置」の後にはこれを修飾する zu 不定詞句が入ることが予測できますが，内容から，ここには (**B**) と (**E**) をこの順番で入れるのが適切です。文頭からここまでの全体が次に来る定形 (**C**) の主語となります。定形の後には (**C**) が表す「十分でない」ことの内容を表す zu 不定詞句を置くと適切な文が完成するので (**D**) と (**A**) をこの順で置きます。［正解率 62.59%］

◇この問題は 12 点満点（配点 3 点×4）で，平均点は 6.61 点でした。

2 解説のまとめ

* 前置詞はさまざまな意味と用法を持ちます。まずは中心的な意味を把握し，さらに特定の語句と結びついた慣用的表現など，個別の用法について短い例文とともに覚えるようにしましょう。
* ドイツ語の書き言葉では一つの文が長く，しばしば構造がわかりにくいこともありますが，長い文も短いパーツ，すなわち句や節の集まりに過ぎません。複数の動詞要素を含む文，従属文や zu 不定詞句を伴う文など，一見複雑な文でも文法の知識を使えば意味的なまとまりや区切りを見つけ出して適切に理解することができます。長い文を文法的に分解してから文を再構成する練習をしてみましょう。

3 同じ意味のドイツ語文に書き替え

正解 (1) **musste**　(2) **Trotz**　(3) **Lest**　(4) **dass**　(5) **sowohl**

話法の助動詞，前置詞，命令文，従属接続詞，相関接続詞などが用いられる文

の書き替え問題です．スペルが正確に記入されている場合のみ正解としました．大文字，小文字の誤りがあった場合は，部分点（2点）を加点しています．

（1） **a** の文は，「昨日，私は残業することを強いられた」という意味です．**b** の文では，定動詞に相当する部分が空欄になっており，文末に動詞の不定詞があることから，空欄には不定詞を伴う助動詞が入ることがわかります．また文頭の Gestern からは，過去の出来事が表されていることがわかります．正解は，「〜しなければいけない」という意味を表す話法の助動詞 müssen の過去形である **musste** です．［正解率 28.93％］

（2） **a** の文は，「風がとても強かった．それでもなお，シュテファン・レシュルは，この前のスキージャンプ・ワールドカップで完璧に着地した」という意味です．dennoch は前の文を受けて「それでもなお，それにも関わらず」と続ける副詞です．**b** の文では，des sehr starken Windes という名詞句の前が空欄になっているので，空欄には2格を伴う前置詞が入ることがわかります．正解は，「〜にも関わらず」という意味の前置詞 **Trotz** です．文頭に置かれるので，1文字目は大文字で書きます．Trotzdem という解答が多く見られましたが，trotzdem は副詞で，ここでは適切ではありません．副詞の場合は空欄の後に定動詞がなければなりません．［正解率 23.34％］

（3） **a** の文は，「その教師は生徒たちに，もっとたくさん読書をするよう言った」という意味です．後半の間接話法を直接話法に書き替える問題です．**b** の文の最後が感嘆符（！）で終わっていることから，直接話法で引用されている発言が命令文であることが予測できます．間接話法で用いられる sollen は命令文を言い替えることができる助動詞なので，空欄には lesen の命令形が入ります．このセリフを言っている相手は Schüler の複数形であるので，命令形は ihr に対する形が適切です．正解は **Lest** です．語頭を小文字で書いた解答が多く見られましたが，ここはセリフの文頭であるため大文字で書きます．また，最後の -t がない Les とした解答も目立ちました．［正解率 11.14％］

（4） **a** の文は，「試験はとても難しかった．そのため，クラスの半分しか合格しなかった」という意味です．**b** の文では，前半の schwierig までは **a** の文とまったく同じで，後半は，定形動詞が後置される従属文です．そのため，空欄には，「その結果」という意味の従属接続詞が入りますが，前半の主文に so があるため，正解は，so と呼応して「非常に〜なので（結果として）〜だ」という意味になる **dass** です．旧正書法では daß という綴りになります．［正解率 32.00％］

（5）**a** の文は，「今朝，目が覚めた時，父と母はもう旅行にでかけた後だった」という意味です。主文の主語である mein Vater と meine Mutter が und を介して並列関係になっています。**b** の文では，mein Vater と meine Mutter の前に空欄が，間に als auch が置かれています。「～も～も」という意味で als auch を用いる表現は，sowohl … als auch … なので，正解は **sowohl** です。beide という解答が多く見られましたが，beide は，例えば meine beiden Eltern のように「(対になった人・物について)両方の」と複数形を伴って付加語的に用いるため，ここでは適切ではありません。[正解率 18.80％]

◇この問題は 20 点満点（配点 4 点×5）で，平均点は 4.56 点でした。

3 解説のまとめ

* 出題された文をしっかり読み，主語や動詞の位置，あるいは主語の提示の有無など，まず文の構造を把握し，問題に取り組みましょう。
* 類似する意味を持つ従属接続詞と前置詞や副詞の対応関係，間接話法での助動詞の意味を正確に捉えることが大事です。
* sowohl … als auch …, nicht nur … sondern auch …, entweder … oder …, weder … noch …, zwar … aber … などの相関接続詞も文の構造を把握する手がかりの一つです。
* 筆記の問題では，読めない文字は採点されないので，誤解の生じない読みやすい丁寧な文字で書くことが大切です。筆記体を避け，ブロック体で書きましょう。

4 文の意味と構造から空欄に入る語を選択

[正解] （1）4　（2）1　（3）2　（4）4　（5）2

不定関係代名詞，非人称の es，従属接続詞，感嘆文，接続法とともに用いられる表現に関する問題です。文全体の構造や意味にも注意して，適切な語を選択します。

（1）問題文は「きみがしたことは何も私の助けにならなかった」という意味の文です。不定関係代名詞 was は，具体的な名詞を先行詞とすることはありませんが，中性の代名詞 alles, etwas, nichts, vieles などを先行詞とすることができます。正解は選択肢 **4** です。選択肢 **1** の Ganzes，選択肢 **2** の Gutes を選んだ解

答がそれぞれ 38.10% ありました。［正解率 37.51%］

（2）問題文は「スヴェンは今幸せだ。だって最近，大富豪の女性と結婚したのだから」という意味の文です。ここでは，es gut haben（幸せである，うまくやっている）という表現が使われており，目的語として非人称の es を必要とします。正解は選択肢 **1** です。選択肢 **4** の sich を選んだ解答が 54.37% ありました。［正解率 27.19%］

（3）問題文は「その状況がどの程度さらに改善されるのか，私にはわかりません」という意味の文です。選択肢 **1** の insofern（～であるかぎりは），選択肢 **3** の sodass（(前の主文を受けて) その結果），選択肢 **4** の solange（～する間は，～するかぎりは）は文の意味内容に合いません。選択肢 **3** を選んだ解答が 38.36% ありました。正解は選択肢 **2** です。［正解率 34.25%］

（4）問題文は「信じられない！ なんという理由でお前は今日学校に行かないのだ！」という意味の感嘆文です。疑問代名詞 welcher には，疑問文だけでなく感嘆文を作る役割もあります。正解は選択肢 **4** です。［正解率 38.78%］

（5）問題文は「あぁ，昨日飲み屋に長居しさえしなければよかったなぁ！」という意味の文です。wäre という動詞の形から接続法第 II 式の文であることがわかります。接続法第 II 式は，従属接続詞 wenn に導かれた定形動詞後置の文（または wenn が省略された定形動詞第 1 位の文）で副詞 doch, nur, bloß とともに用いると，叶わぬ願望を表すことができます。正解は選択肢 **2** です。選択肢 **1** を選んだ解答が 21.71%，選択肢 **3** を選んだ解答が 39.52% ありました。［正解率 20.55%］

◇この問題は 15 点満点（配点 3 点×5）で，平均点は 4.76 点でした。

4 解説のまとめ

* 従属接続詞は，その語の意味だけでなく，主文との関わり方も正確に理解している必要があります。
* 非人称の es は，主語としてだけでなく，目的語としても登場します。熟語的表現の一部になっているものがほとんどです。
* 接続法の文で用いる副詞など，特定の文構造とともに使用する語を整理するとよいでしょう。

5 やや長いテキストの要点の理解

正解 (1) 2 (2) 2

　本格的な長文読解への橋渡しを意図して作成された問題です。本文テキストにはドイツ語圏で提供されている表現が比較的平易なオリジナルの文章を採用しています。設問は本文の内容に照らした選択肢の内容の正誤を問うものです。速読して大意を把握しながら選択肢に対応する箇所をすばやく見つけ，そこに集中して時間を配分することが求められます。出典は (1)，(2) ともにオンライン版《Welt》紙の記事からの一部抜粋ですが，出題にあたり 2 級のレベルに合わせて語句を修正しています。元の記事のタイトルは，(1) が „Deutsch gehört zu den Top fünf der Weltsprachen" (2015 年 4 月 14 日)，(2) が „Alkohol-Tabu für Mütter ist vielen unbekannt" (2015 年 5 月 31 日) です。

　(1) この文章は，外国語として学ばれるドイツ語について述べられたものです。
内容:
　2010 年に行われたゲーテ・インスティトゥートの最新のアンケート結果では，全世界で 1450 万人の人々がドイツ語を外国語として学んでいることが明らかになった。144 ヵ国では，ドイツ語が国立の学校や大学で教えられている。ドイツ語学習者の世界全体の数字は，再び増えてもいる。なぜなら，改革できない EU の問題児というドイツのイメージはもはやなく，世界経済を安定的に牽引する国家と再び見なされているからだ。今日では経済的な理由も言語の運命を決める要素になっている。詩を読むためにドイツ語を学ぶ，という考えは，すでに久しく現実にそぐわない。世界中で，言語は文化的な理由よりもむしろ経済的な理由から学ばれている。

　選択肢 1 は「ドイツに関する否定的なイメージは変わっていないにも関わらず，ドイツ語を学びたいと考える人々の数は増加している」です。本文 4〜5 行には「改革できない EU の問題児というドイツのイメージはもはやなく」とあるので，選択肢 1 は本文の内容と合致せず不正解です。これを選択した解答は 10.96％ ありました。
　選択肢 2 は「ドイツは世界経済の更なる発展に貢献しているので，ドイツ語は外国語として再び人気を得ている」です。本文 3〜6 行には，ドイツ語学習者の増加のことや，世界経済を牽引するドイツというイメージについて語られているので，選択肢 2 は本文の内容と合致し，正解です。［正解率 61.01％］

選択肢 **3** は「外国語を選択する際，文化的な理由がとりわけ重要な役割を果たしている」です。文化的な理由よりも経済的な理由が外国語学習において決定的である，と本文では述べられているので，選択肢 **3** は不正解です。これを選択した解答は 27.71％ ありました。

（**2**）この文章は，妊娠中のアルコール摂取について説明している文章です。
内容：

　　グラス一杯のスパークリングワインやワインなら胎児に影響は及ぼさない，と多くの妊婦がどうやら考えているようだ。ある統計によると，妊娠した母親がアルコールを飲むと新生児に障がいが生じることを知っているのは，ドイツ人のうち 44％ だけである。ローベルト・コッホ研究所のデータによると，妊娠している女性のうち，ほぼ 5 人に 1 人がアルコールを飲み，障がいの残る子どもを出産するリスクをおかしている。
　　母親の飲酒のために障がいを持って生まれる新生児がドイツ全体では毎年 1 万人いると見られる。そのうち，2000 人以上の男児や女児が，胎児性アルコール症候群をわずらい，重度の障がいを持っている。

選択肢 **1** は「妊娠中の飲酒が新生児に悪影響を及ぼしうるということは，ドイツでは周知の事実である」です。アルコールが胎児に与える影響について知っているドイツ人は半数に満たない「44％ だけ」とあるので，選択肢 **1** は本文の内容と合致せず不正解です。これを選択した解答は 42.47％ ありました。

選択肢 **2** は「研究結果によると，ほとんど 20％ の女性が妊娠中にアルコールを飲んでいる」です。本文 4〜5 行では「妊娠している女性のうち，ほぼ 5 人に 1 人がアルコールを飲み」とあるので，選択肢 **2** が正解です。［正解率 44.89％］

選択肢 **3** は「ドイツでは，アルコールによる障がいを持った子どもが，年間で合わせて約 1 万 2000 人生まれている，と専門家はみている」です。たしかに，本文最終段落には「1 万人」と「2000 人」という数字がありますが，1 万人の中の 2000 人の子どもたちが重度の障がいを持っていると述べられているので，選択肢 **3** は不正解です。これを選択した解答は 12.54％ ありました。

◇この問題は 8 点満点（配点 4 点×2）で，全体の平均点は 4.24 点，個別では （**1**） 2.45 点，（**2**） 1.80 点でした。

5 解説のまとめ

＊数字に関する表現を覚えましょう。設問 (**2**) の選択肢 **2** では，数字に関する言い換え表現が問われています。本文中にある jede fünfte Frau とは「女性の 5 人に 1 人」という意味です。また他にも，「5 分の 1」をあらわす ein Fünftel のような言い方も重要です。こうした表現はあらかじめ文法書などで確認し，まとめて覚えておきましょう。

6 長文読解

正解 (**1**) 1 (**2**) 2 (**3**) 2 (**4**) 3 (**5**) 1, 2, 4（順不問）

文中の重要な語句や文に関する設問を通じて，全体の内容を正しく理解しているかを問う問題です。問題文は二つの手紙から構成されていますが，オンライン版《Zeit》紙 2015 年 12 月 9 日の記事 „Nach vier Monaten keine zwei Wochen Urlaub?" を基に，出題のために表現や内容を一部変更したものです。
内容:
ヴァイゲルト様
　私は 9 月 1 日付けで新しい職に就きました。(**a**) 12 月 15 日から 2 週間の休暇願いを出そうとしたところなのですが，これが雇用者から拒否されました。まだその権利がないというのが理由です。 これは正しいことでしょうか？
ヤン・ゾンマー

ゾンマー様
　あなたの雇用主の (**A**) 言う通りです。まだ仮採用期間なので，① 完全な休暇の権利を得るためには最低 6 ケ月間は勤務先で働かないといけません。 完全な休暇の権利は就職後，6 ケ月の仮採用期間が過ぎるまで発生しません。連邦休暇法に基づき，被雇用者は ② 仮採用期間の終了までは雇用関係発生後，1 ケ月が完全に経過するごとに年間の全休暇日数である 20 日の 12 分の 1 の権利を得ます。 つまり，③ 就職後 4 ケ月である場合，5 日弱の休暇権利が発生するのです。
　もちろん，事業所における仮採用期間の始めの 6 ケ月の間も部分的な休暇の権利があります。(**b**) もっともこれは，経営上支障がない場合に限ります。④ 仮採用期間終了前に退職する場合，次のことを決断する必要があります： それは，部分的な休暇を得るか，休暇補償金を受け取るかです。

ですが，⑤ 雇用者は従業員がすでに得ている休暇権利の行使を申し出て休暇を得ることに同意するのが通常です。そのため，2週間ではなく，最長で5日間のみの権利を行使できます。

⑥ 次に就職する際は最初に，原則として最初の6ケ月間に休暇を認めないのか，あるいは計画している旅行のためにすでに得られた部分的休暇を使えるか雇用者に尋ねてみてください。（c）率直に話せば，両者の間の誤解が避けられ，時間的余裕をもって代わりの人を依頼する計画を立てられるのです。
ウルフ・ヴァイゲルト

（1）は適切な日本語の内容説明を選ぶ問題です。下線部（a）の意味は上に示してあります。まず注目したいのは主文の動詞である ablehnen です。ここでは受動構文で使われていますが，この動詞は「～を拒否する」という意味です。したがって選択肢 3 は不正解になります。残りの選択肢は従属文の内容の説明に違いがありますが，従属文は理由を表す接続詞 weil で始まっているので，それが反映されない選択肢 2 は正解になりません。選択肢 4 は従属文に含まれる Anspruch（権利）の意味が正しく捉えられていないため，やはり不正解です。選択肢 1 が正解になります。［正解率 57.22%］

（2）は空欄（A）に入る動詞を選ぶ問題です。一つ目の手紙は Ist das richtig? という問で終わっています。二つ目の手紙はそれに対する返答です。空欄直後の Recht という語がポイントになります。この語は動詞 haben と結びついて Recht haben（正しい）という表現を作ります。前後関係からも，ここで使われるのにふさわしいのはこの表現です。したがって正解は選択肢 2 です。選択肢 1 の動詞 geben は Recht geben（～が正しいと認める）という表現を作りますが，文章の流れと合いません。また，選択肢 3 と選択肢 4 は Recht と結びつく表現を作れず，空欄（A）に入りません。［正解率 60.80%］

（3）はドイツ語での言い替えを問う問題です。下線部（b）の Allerdings は「もっとも」という意味の副詞です。選択肢 1 の Besonders は「特に」，選択肢 2 の Jedoch は「しかし」，選択肢 3 の Trotzdem は「それにも関わらず」，選択肢 4 の Zumal は「特に」を意味します。このうち，先行する内容と食い違うことがらを言う際に用いられ，allerdings に意味が最も近いのは Jedoch です。したがって正解は選択肢 2 です。選択肢 1 を選んだ解答が 30.35% ありましたが，allerdings とは大きく意味が異なります。［正解率 40.57%］

（4）は再び，適切な日本語の内容説明を選ぶ問題です。下線部（c）の意味は上

にある通りです。ここで重要なのは，Vertretung という語が「代理の人」という意味になることがわかるかどうかです。これがわかれば選択肢 **1** と選択肢 **4** が不正解であると判断できるでしょう。また，下線部 (**c**) の前半で「率直な」(offen) 言葉が誤解を「妨げる」(verhindern) と言われていることが理解できれば選択肢 **3** が正解とわかります。[正解率 51.63%]

(**5**) 正解は **1**，**2**，**4** です。それぞれ上記の「内容」中の ①，②，④ に対応します。これに対して誤答の **3**，**5**，**6** は ③，⑤，⑥ を見ると本文と一致しないことがわかるでしょう。⑤ では，被雇用者が休暇の取得を要求した場合，雇用者がそれに同意することが述べられているのですが，これは法的に決められているわけではないことに気をつけてください。選択肢 **3** を選択した解答が 65.23% ありましたが，これは不正解です。問題文はゾンマーさんが最大 5 日の休暇を取得することができるとありますが，これは，ゾンマーさんがこれまで 4 ヶ月の勤務実績があるからです。仮採用期間中であっても勤務期間がもっと長い場合はそれに応じてより長い休暇を得ることができます。[**1** の正解率は 82.09%，**2** の正解率は 30.45%，**4** の正解率は 61.75%]

◇この問題は 24 点満点 (配点 (**1**)〜(**4**) 3 点×4，(**5**) 4 点×3) で，平均点は 13.28 点でした。

6 解説のまとめ

* 長文問題を解くために最も重要な要素は語彙の知識です。日頃からインターネットで閲覧できるドイツ語の新聞や雑誌のウェブサイトの記事に触れるよう習慣づけ，こつこつ新しい単語を覚えていくのがやはり効果的です。ドイツ語を使う国々に旅行する機会がある方は現地で博物館などを見学する際，展示の説明に取り組んでみると語彙力を高めることができます。
* 派生によって形成される語の意味は，派生の基となる語の意味をもとに想像することが可能ですが，その際よく見られるパターンとそうでないパターンがあります。-ung は動詞から名詞を派生する接尾辞で，besichtigen (〜を見学する) → Besichtigung (見学) のようにほとんどの場合動作そのものを表す名詞を作ります。しかし，veranstalten (〜を催す) → Veranstaltung (行事) のように動作の結果生じるものを表す名詞や，問題文にあった Vertretung (代理の人) のように，動作の担い手を表す名詞を作り出す場合もあります (他にも bedienen (〜にサービスする) →

Bedienung（給仕人）などもこのタイプです）。

7 長い会話文の文脈理解と会話文の完成

正解 (a) 4　(b) 1　(c) 3　(d) 2　(e) 5

　会話の流れを理解し，適切な選択肢を選び，会話文を完成させる問題です。今回は，テレビドラマ『タートオルト』(Tatort) に出演しているフランツィスカ・ヴァイス氏へのインタビューが使われています。出典は，《Kleine Zeitung》紙オンライン版に掲載された記事 „Franziska Weisz: Dienstantritt als Tatort-Kommissarin"（2016 年 3 月 29 日閲覧）で，文章を若干短縮した上で改めてあります。

　(a) インタビューでは，まず「どのような経緯で „Tatort" に参加することになったのですか？」というインタビュアーの質問に対して，(a) の言葉が続きますが，その直後に「だけど，単にオーディションに呼ばれただけで，その後電話で承諾をもらった」と述べていることから，(a) にはごくありきたりの話ではない内容の言葉が言われていることが推測できます。したがって (a) には，選択肢 **4** の「特別なことは本当に何もなかった。すごいことだと思っていたのだけど」が最も適切といえます。この (a) では選択肢 **1** の誤答が 22.02% ありました。しかし，選択肢 **1** は，「そう言えるかもしれない」と言っており，その前のインタビュアーの質問に対する答としては不適切です。［正解率 32.88%］

　(b) 次の質問では，„Tatort" がいわゆる人気番組で，このテレビドラマに出演が決まったことで役者としての願いが叶ったかどうかと尋ねています。それに対する返答が (b) になり，それに続けて「私にとっていつも重要なのは，その映画がよいかどうか，そのストーリーが面白いかどうかだけです」と答えています。この会話の流れに当てはまるのは，選択肢 **1** の「そう言えるかもしれない。私はたいしたミステリーファンでもないのに，すぐに『はい』と返事をしたくらいですから」となります。したがって正解は選択肢 **1** です。［正解率 43.84%］

　(c) 次に，彼女の役柄の警察官ユーリアの話題になります。ユーリアは警官の制服に身を包み，その中に本来の自分を抑え込んで，自らをさらけださないという設定です。そこでインタビュアーが「彼女は今後その殻を破りますか？」と尋ねますが，それに対しヴァイス氏は，「すでに少し心を開きかけていると思う」と答

え始め，(c)につながります。この流れから(c)では，今後ユーリアという人物がどのようになっていくかが述べられていると推測できます。したがって，選択肢3の「だけどこの人物がどのようになっていくのかは，私自身まだわからない」が正解です。［正解率53.85％］

(d) 続いて，「あなたの次のプロジェクトは何でしょうか？」と質問されます。その質問に(d)が続きますが，その後に「この物語は，フィギュアスケートの世界が舞台です」と述べていることから，„Tatort"とは別の作品の話であることがわかります。したがって，(d)には，違う映画について述べられている選択肢2「ちょうど今ベルリンで，アレクサンドラ・ゼル監督のもとで劇場映画を撮影しています」が入り，これが正解です。［正解率56.48％］

(e) 最後の質問では，これまでの役柄は多岐にわたっているが，まだ何が足りないと思うかと問われています。その質問に対する答が(e)ですが，ここは最もシンプルな選択肢5「私は，これまでに演じたことのない役柄を切望しています」が適切です。したがって選択肢5が正解になります。シンプルな答だったためか，(e)が全5問のなかで最も正解率が高くなりました。［正解率58.48％］

◇この問題は20点満点（配点4点×5）で，平均点は9.83点でした。

7 解説のまとめ

＊対話文では，質問に対する答で会話が続いてゆくので，わからない単語があっても，何が問われているのかを考えることがまず重要です。問が理解できれば，その答の方向性の見当もつきます。このように，会話の流れを理解し，文の前後関係から意味を推測する習慣を身につけるのがよいでしょう。

夏期《2級》

【聞き取り試験】

第1部 やや長い会話文の内容理解

正解 (A) 2 (B) 3 (C) 1 (D) 3

　二人の人物のやや長い会話を聞いて，そこで話されている内容を理解できるかを問う問題です。「解答の手引き」に書かれている選択肢に含まれるポイントとなる語や表現を押えた上で会話文を聞き取ることが求められます。

(A)　A: Guten Morgen, Herr Strauss! Sie sehen aber gar nicht gut aus!
　　 B: Hallo, Frau Schubert! Ich habe meinen Geldbeutel verloren.
　　 A: Das ist ja schrecklich! Waren Sie schon bei der Polizei?
　　 B: Nein, nur beim Fundbüro! Aber ohne Erfolg …
　　 A: War denn viel drin?
　　 B: Nicht der Rede wert, aber die Fotos meiner Frau und der Kinder …

　　 1　Frau Schubert arbeitet bei der Polizei.
　　 2　Herr Strauss findet seinen Geldbeutel nicht mehr.
　　 3　Herr Strauss trifft Frau Schubert auf dem Fundbüro.

(B)　A: Kommst du heute zur Vorlesung vom Reichmann, Sabrina?
　　 B: Nein, ich muss gleich nach dem Seminar nach Hause.
　　 A: Wieso? Ist was passiert?
　　 B: Ich will das Referat für morgen noch fertig schreiben!
　　 A: Alles klar, ich sage dir dann morgen, was wir gemacht haben.

　　 1　Sabrina will zur Vorlesung gehen.
　　 2　Sabrina muss nicht zu einem Seminar gehen.
　　 3　Sabrina will an ihrem Referat arbeiten.

(C)　A: Ihren Führerschein, bitte!
　　 B: Einen Moment! Ich glaube, ich habe ihn in die Tasche gelegt.
　　 A: Das wollen wir doch mal hoffen … Auf dem Weg nach Hause?
　　 B: Ja, meine Kinder warten schon. Ach, wo ist denn mein Führer-

  schein … !
 A: Na, dann steigen Sie mal bitte aus!

 1 Die Frau findet ihren Führerschein nicht.
 2 Die Frau steigt gerade in ihr Auto.
 3 Die Frau sucht ihren Personalausweis.

(**D**) **A:** Noch zwei Wochen bis zu den Ferien!
 B: Stimmt! Wo wollen wir dieses Jahr denn hin?
 A: Gehen wir doch mal wieder campen!
 B: Klingt nicht schlecht! Vielleicht irgendwo am Rhein?
 A: Oder wir mieten uns einen Wohnwagen und fahren durch Italien!
 B: Lass uns einfach darüber abstimmen!

 1 Der Student und die Studentin gehen im Rhein schwimmen.
 2 Der Student und die Studentin mieten sich eine Wohnung in Italien.
 3 Der Student und die Studentin stimmen darüber ab, was sie in den Ferien machen.

　(**A**) は **A** のシューベルトさんと **B** のシュトラウス氏の会話です。シューベルトさんがシュトラウス氏に顔色が悪いことを指摘します。その理由は，財布を失くしたことであり，遺失物保管所に行っても見つからなかった，とシュトラウス氏は答えていますので，「シュトラウス氏は遺失物保管所でシューベルトさんに会った」という選択肢 3 は不正解です。またシューベルトさんは，「警察にはもう行きましたか？」と言っているだけなので，選択肢 1 の「シューベルトさんは警察で働いている」も違います。ここは，選択肢 2「シュトラウス氏は財布を見つけられない」が正解です。［正解率 81.56％］

　(**B**) は，男子学生と女子学生の会話です。男子学生が女子学生ザブリナにライヒマン先生の講義に出席するかどうか尋ねています。それに対し女子学生は，ゼミが終わったらすぐに帰宅すると述べます。したがって，選択肢 1 の「ザブリナは講義に行くつもりだ」および選択肢 2 の「ザブリナはゼミには行かなくていい」は不正解です。女子学生がすぐに帰宅したいのは，明日のレポートを書くためなので，正解は選択肢 3「ザブリナはレポートを書くつもりだ」です。［正解率 70.39％］

（**C**）は，警察官が車の運転手の女性に免許証の提示を求める場面の会話です。提示を求められた女性は，カバンに入れたと思う，と答えますが，見つかりません。それだけの会話ですから，ここは選択肢**1**の「その女性は免許証が見つけられない」が正解です。選択肢**2**「その女性は車に乗るところである」は，この会話には当てはまりません。また，選択肢**3**の「その女性は身分証明書を探している」は，会話で問題となっている「運転免許証」とは関係なく，不正解となります。［正解率 84.72％］

　（**D**）は，休暇を楽しみにしている男子学生と女子学生の会話です。男子学生がキャンプに行こうと提案し，それに対し女子学生は，ライン河畔はどうかと応じていますので，選択肢**1**「男子学生と女子学生はライン河に泳ぎに行く」は不正解です。さらに男子学生は，「あるいはキャンピングカーを借りて，イタリア旅行をしよう」と提案し，この提案に対し女子学生は，話し合って決めよう，と言っています。したがって，選択肢**2**の「男子学生と女子学生はイタリアで住居を借りる」は不正解であり，選択肢**3**の「男子学生と女子学生は，休暇中に何をするか話し合って決める」が正解です。［正解率 79.45％］

◇この問題は 16 点満点（配点 4 点×4）で，平均点は 12.67 点でした。

> **第1部** 解説のまとめ
> ＊週末や休暇の計画についての会話，道順についての質問，ショッピングの際の会話などはごく短く済むことが多く，このような会話が出題される傾向が高くなっています。
> ＊週末や休暇の過ごし方についての表現，道案内の場面で使う交通手段，公共の建物，方向，所要時間などに関する表現，ショッピングの場面で使う服，靴，アクセサリー，色彩，サイズなどに関する表現を確実に身につけておくのがよいでしょう。

第2部　長いテキストの重要情報の聞き取り

正解　（**A**）3　（**B**）2　（**C**）3　（**D**）1　（**E**）3

　「解答の手引き」にあらかじめ印刷されている質問文を手がかりとする聞き取り問題です。ここでは，質問の答となる部分がテキストのどこにあるのかを的確に探し出す，選択的な聞き取り能力が求められます。選択肢として読み上げられる

のは要点だけを含んだ短い文なので、ある程度長いテキスト内容を要約して理解する能力も求められます。

読み上げられたテキストと選択肢は以下のとおりです。CDも聞いてみてください。

Sabine? Wenn du da bist, nimm doch bitte ab! ... Na, dann spreche ich dir eben auf den Anrufbeantworter. Also hör mal zu! Ich habe gerade mit Tanja aus der Bäckerei gesprochen. Du weißt ja, die Blonde, die immer so schlechte Laune hat. Na ja, egal. Heute morgen also, als ich meine Brötchen bei ihr gekauft habe, hat sie mir doch plötzlich erzählt, dass sie meinen Klaus letzte Woche mit einer anderen in der Stadt gesehen hätte. Hand in Hand! Stell dir das mal vor! Ich sagte ihr natürlich gleich, dass sie das wohl geträumt haben muss. In so einer kleinen Stadt und dann mit einer anderen wie ein junges Pärchen zusammen! Nein, das kann auf keinen Fall stimmen! Ich habe sie dann natürlich gleich weitergefragt, was sie noch gesehen hat. Ich wollte übrigens diese Butterbrezeln kaufen, die sie im Angebot hatten. Ich war so böse über die Blonde, dass ich gleich vier genommen habe. Na ja, 4,80 Euro sind ja jetzt auch nicht so viel, oder? Und die schmecken so gut. ... Auf jeden Fall sagte sie dann, dass der Klaus diesem jungen Mädchen seinen Arm um die Schultern gelegt und sie geküsst hätte. Kannst du dir das vorstellen? Mein Klaus küsst eine andere? Völlig unmöglich! 15 Jahre sind wir jetzt verheiratet und noch nie hat er mich mit einer anderen Frau betrogen. Ich habe ihm ja auch keinen Grund dafür gegeben, oder? Andere Frauen sind da ja nicht so großherzig. Also, ich kann das einfach nicht glauben. Aber warum sollte sie mir so etwas erzählen?
(*Das Handy der Frau klingelt*)

Warte mal, mein Handy klingelt gerade! Ja, hallo? Klaus? Du, ich erzähl' gerade Sabine, dass ... Was? Du willst dich scheiden lassen? Bist du denn verrückt?

Sabine ... Ich ruf' dich nachher nochmal an. Also, das ist ja nicht zu fassen! ... Ja, Klaus! Was? Tanja?

質問（**A**）　Mit wem telefoniert die Frau?
選択肢：　**1**　Mit Tanja.

　　　　2　Mit Sabine und Tanja.
　　　　3　Mit Sabine.

質問（**B**）　Was für eine Arbeit hat Tanja?
選択肢：　**1**　Sie arbeitet im Café.
　　　　2　Sie arbeitet in der Bäckerei.
　　　　3　Sie arbeitet für Klaus.

質問（**C**）　Was kauft die Frau?
選択肢：　**1**　Zwei Butterbrezeln zu 2,40 Euro.
　　　　2　Drei Butterbrezeln zu 3,60 Euro.
　　　　3　Vier Butterbrezeln zu 4,80 Euro.

質問（**D**）　Wer ruft die Frau auf dem Handy an?
選択肢：　**1**　Klaus.
　　　　2　Tanja.
　　　　3　Sabine.

質問（**E**）　Wie endet die Geschichte?
選択肢：　**1**　Sabine ruft die Frau an.
　　　　2　Die Frau ruft Klaus zurück.
　　　　3　Die Frau will Sabine zurückrufen.

　この文章は，ある女性が知り合いのザビーネに電話したところ留守だったので留守番電話にメッセージを残す，という設定になっています。
　内容：
　　ザビーネ？ いるのなら，電話に出てよ！ …いいわ，それなら仕方ないから留守電に入れることにするわ。ちょっと聞いてよ！ さっき，パン屋で働いてるタニヤと話をしたところなの。知ってるわよね，あのいつも不機嫌にしてる金髪の女よ。まあ，それはどうでもいいわ。それでね，今朝，そのパン屋でブレートヒェンを買った時，あの女が急に言ったのよ。先週，うちのクラウスが街中で他の女と一緒にいるのを見たってね。手を繋いでたんだって！ わかる？ もちろんすぐに，そんなのきっと思い過ごしじゃないかって言ってやったわ。この街はこんなに小さいし，若いカップルみたいに他の女と一緒なんて！ 絶対ありえないわ！ それでもちろんすぐに，他に何を見たのかも聞いたわ。まあ，あの安くなってたバターブレーツェルを買いたかったしね。あの金髪の女に腹が

立って，一度に四つも買っちゃったわよ。まあ，4.80ユーロだから，そんなに高くないわよね？ とてもおいしいし…とにかく，それであの女ったらクラウスがその若い娘の肩に腕を回してキスしてたって言うのよ。わかる？ うちのクラウスが他の女にキス？ ありえないわ！ もう結婚して15年になるし，これまで一度も女のことで裏切られたことなんてないのよ。そうされる理由なんてないわよね？ 私みたいに理解のある女なんて他にいないんだから。まあ，とにかく，そんな話は信じられないわ。でもあの女，なんでこんな話を私にしたのかしら？

（女性の携帯電話が鳴る）

ちょっと待って，携帯が鳴ってるわ！ もしもし？ クラウス？ ねえ，ちょうどザビーネに話を…何ですって？ 離婚したい？ 頭がおかしくなったの？

ザビーネ，後でまた電話するわ。とにかく，こんなこと理解できないわ！ …もしもし，クラウス？ 何ですって？ タニヤ？

次に，質問に沿って正解を見ていきます。

(**A**) は，「この女性は誰と電話で話しているのか？」という質問です。正解は選択肢 **3** の「ザビーネと」です。読み上げられたテキストの冒頭で話し手の女性は Sabine？ と呼びかけているので，この女性が電話をかけている相手がザビーネであるとわかります。テキストの最後の部分にもザビーネに呼びかける箇所があるので，比較的わかりやすかったでしょう。［正解率 90.62％］

(**B**) は，「タニヤの仕事は何か？」という質問です。正解は選択肢 **2** の「彼女はパン屋で働いている」です。これは，テキストで Tanja aus der Bäckerei「パン屋で働いているタニヤ」と言われていることに対応します。前置詞 aus は出身地を表す際に用いられる語ですが，このように職場を表すために使うことも可能です。［正解率 75.87％］

(**C**) は，「この女性は何を買うのか？」という質問です。正解は選択肢 **3** の「バタープレーツェル四つを4.80ユーロで買う」です。話し手の女性は，タニヤが勤める店で安売りになっていた（im Angebot）バタープレーツェルを買うのですが，タニヤに腹を立てるあまり四つも買ってしまったと言っています。値段も4.80ユーロと言われています。この問題は多くの方が正解していました。［正解率 92.83％］

(**D**) は，「この女性の携帯電話に電話をかけてくるのは誰か？」という質問です。

テキストの終盤では，話し手の女性の携帯電話に誰かが電話をかけてくるのですが，それに対し話し手の女性は Klaus? と語りかけているので，正解は選択肢 **1** の「クラウス」です。[正解率 87.67％]

(**E**) は，「この話はどのように終わるか？」という質問です。正解は選択肢 **3** の「この女性はザビーネに後から電話をかけ直す」で，Sabine … ich ruf' dich nachher nochmal an. と語られている箇所に対応します。話し手の女性はその後，クラウスと携帯電話で話し続けていることがテキストからわかります。選択肢 **2** の「この女性はクラウスに電話をかけ直す」を選んだ解答も 32.03％ ありました。しかし，テキスト最後の部分で Ja, Klaus! と言って話し続けていることからわかるように，話し手の女性は決してクラウスからの電話を一度切ったわけではありません。[正解率 56.80％]

◇この問題は 20 点満点（配点 4 点×5）で，平均点は 16.19 点でした。

第2部 解説のまとめ

＊読み上げられるテキストを聞き取る際は人名や地名などの固有名詞，また数字などに特に注意し，聞きながらメモを取ることを心がけましょう。メモには記号を使ってもかまいませんし，どうしても必要な場合は日本語を使うことも可能です。

＊テキストを聞き取る時は，話し手の気持ちの動きや場面の雰囲気などをつかむようにしてもよいでしょう。テキストの大まかな流れを理解するために重要な情報になります。

＊口語では，単語の末尾の母音（特に e）の発音が弱くなることが頻繁にあります。この問題のテキストでもそうしたことが見られます。仮に全ての音節をはっきり聞き取れなくても慌てないようにしましょう。

2017年度 冬期 ドイツ語技能検定試験
2級
筆記試験　問題

（試験時間　80 分）

出題は新しい正書法(単語のつづり方などに関する規則)に従います。解答は新旧いずれの方式でも認めます。

――― 注　意 ―――

■受験票と机の上の受験番号が同じであることを確認してください。
■携帯電話，スマートフォン，スマートウォッチ等の電子機器類は電源を切り，カバン等にしまってください。机の上に置いてはいけません。
■中途退場は認めません。退場は試験放棄となります。

① 問題冊子は試験開始の合図があるまで，開いてはいけません。
② 問題冊子は表紙・裏表紙を含めて 10 ページあります。
　 余白は下書き・メモ用に使ってかまいません。
③ 試験監督者の指示に従って，解答用紙の所定の欄に，受験番号・氏名を記入してください。
④ 解答は黒の HB の鉛筆で強めに記入してください。
　 書き直す場合には，消しゴムできれいに消してから記入してください。
⑤ **解答はすべて解答用紙の指定された箇所に記入してください。**
⑥ 記入する数字は，下記の見本に従って書いてください。

⑦ アルファベットは大文字と小文字の判別ができるようにはっきりと書いてください。

■試験が終わっても，指示があるまで席を立たないでください。
■解答用紙は持ち帰ってはいけません。
■この問題冊子の無断転載，無断複製を禁じます。

1

次の(1)～(3)の問いに対する答えを下の1～4のうちから一つ選び，その番号を解答欄に記入しなさい。

(1) Mensch – menschlich などのように名詞を形容詞にするとき，作り方が異なるものを選びなさい。

　　1 Industrie　　**2** Kultur　　**3** Nation　　**4** Tradition

(2) 意味が対応する動詞と名詞でアクセント（強勢）の位置が変わらないものを選びなさい。

　　1 unterhalten – Unterhaltung
　　2 unterrichten – Unterricht
　　3 unterscheiden – Unterschied
　　4 unterschreiben – Unterschrift

(3) 次の会話文の下線部の語のうち，通常最も強調して発音されるものを選びなさい。

　　A: Wie finden Sie den Rock hier?
　　B: Sehr schön. Aber er passt mir doch nicht.

　　1 er　　**2** passt　　**3** doch　　**4** nicht

2

次の (1) 〜 (4) の問いに対する答えを下の 1 〜 4 のうちから一つ選び，その番号を解答欄に記入しなさい。

(1) 次の文 **a** と **b** の (　) に共通して入るものを選びなさい。

　a Machen Sie bitte schnell das Fenster (　)! Es riecht komisch!
　b Die Touristen schauten (　) den Stadtplan und suchten die Semperoper.

　1　auf　　　　2　in　　　　3　unter　　　　4　zu

(2) 次の文 **a** と **b** の (　) に共通して入るものを一つ選びなさい。

　a Der starke Regen ist typisch (　) diese Jahreszeit.
　b Die Einwohner sind (　) die Renovierung des alten Schlosses.

　1　für　　　　2　gegen　　　　3　über　　　　4　um

(3) 次の会話の (　) に入る最も適切なものを一つ選びなさい。

　A: Kannst du mir sagen, was Frau Schneider sagen wollte?
　B: Sie (　).

　1　sprach, dass man sie kaum so leise verstehen konnte
　2　sprach so leise, dass man sie kaum verstehen konnte
　3　sprach kaum, dass man sie so leise verstehen konnte
　4　sprach kaum leise so, dass man sie verstehen konnte

(4) **(A)** 〜 **(E)** を並べ替えて文を完成させるとき，正しい順序になっているものを一つ選びなさい。

　Manchmal, (　) (　) (　), (　) vom Balkon aus die Fischerboote im Hafen zu zählen.

　(A) und der Mond　　　　　　**(B)** versuchte sie
　(C) nicht einschlafen konnte　**(D)** am Himmel erschien
　(E) wenn Tanja

　1　(A) → (C) → (E) → (D) → (B)　　2　(A) → (D) → (C) → (B) → (E)
　3　(E) → (A) → (D) → (C) → (B)　　4　(E) → (C) → (A) → (D) → (B)

3

次の (1)〜(5) の a と b の文がほぼ同じ意味になるように ( ) の中に最も適切な一語を入れて、b の文を完成させなさい。その一語を解答欄に記入しなさい。なお、単語は大文字と小文字をはっきり区別して書いてください。

(1)　a　Seit der Geburt seines Sohnes raucht Tom nicht mehr.
　　　b　( ) sein Sohn geboren wurde, raucht Tom nicht mehr.

(2)　a　Akiko scheint sehr müde zu sein.
　　　b　Akiko ( ) sehr müde aus.

(3)　a　Wenn Sabine am Computer arbeitet, trägt sie immer eine dicke Brille.
　　　b　Bei der ( ) am Computer trägt Sabine immer eine dicke Brille.

(4)　a　Ich freue mich, die Studenten aus Deutschland kennenzulernen.
　　　b　( ) freut mich, die Studenten aus Deutschland kennenzulernen.

(5)　a　Niemand in der Klasse läuft schneller als Michael.
　　　b　Michael läuft am ( ) in der Klasse.

4

次の (1)〜(5) の文で ( ) の中に入れるのに最も適切なものを下の 1〜4 のうちから一つ選び、その番号を解答欄に記入しなさい。

(1)　Wichtig ist das Wohl unserer Mitarbeiterinnen und Mitarbeiter, ( ) wir einen sicheren Arbeitsplatz bieten.

　　　1　dann　　　2　denen　　　3　wem　　　4　wenn

(2)　( ) wir wissen, ist die Arbeit an dem Projekt schon beendet.

　　　1　Damit　　　2　Dass　　　3　Soweit　　　4　Weil

(3)　( ) Sie bitte zur Kenntnis, dass unsere Lieferzeit momentan 2-3 Wochen beträgt.

　　　1　Bekommen　　　2　Geben　　　3　Nehmen　　　4　Treten

(4)　Stacheldraht verletzt viele Tiere, ( ) Tierschützer immer wieder aufmerksam machen.

　　　1　wo　　　2　woher　　　3　wohin　　　4　worauf

(5)　Weil wir mit dem ersten Zimmer unzufrieden waren, haben wir uns noch ein paar andere zeigen ( ).

　　　1　gelassen　　　2　lassen　　　3　lassend　　　4　ließ

5

次の (1) と (2) の文章を読んで,それぞれの内容に合うものを 1 ~ 3 のうちから一つ選び,その番号を解答欄に記入しなさい。

(1) Im deutschen Grundgesetz, in dem die wichtigsten Regeln für unser Zusammenleben stehen und das vor knapp 70 Jahren geschrieben wurde, war die Gleichberechtigung von Anfang an enthalten. Es dauerte aber auch danach noch lange, bis Frauen wirklich alles durften. Ein eigenes Bankkonto eröffnen zum Beispiel ist ihnen erst seit 1953 erlaubt, also seit gut 60 Jahren. Und bis vor 40 Jahren durften verheiratete Frauen nur dann arbeiten, wenn ihr Mann einverstanden war und sie ihre „Pflichten im Haushalt" nicht vernachlässigten. Erst seit 1995 gibt es in Deutschland Feuerwehrfrauen, seit 2001 Soldatinnen bei der Bundeswehr.

1 Es dauerte ungefähr 70 Jahre, bis im deutschen Grundgesetz die Gleichberechtigung von Mann und Frau gesichert wurde.
2 Das Grundgesetz schreibt vor, dass Frauen nicht arbeiten dürfen, wenn sie nicht verheiratet sind.
3 In den 1990er Jahren war in Deutschland keine Frau als Soldatin bei der Bundeswehr tätig.

(2) Was würde die Menschheit bloß ohne Spinnen machen? Die Achtbeiner fressen Mücken und andere stichfreudige, wie lästige Insekten, und zwar sehr viel: zwischen 400 und 800 Millionen Tonnen eiweißhaltige Nahrung, weltweit, jedes Jahr. Diese Zahl haben Forscher der Universität Basel berechnet und in einem Fachmagazin veröffentlicht. Die Zoologen berechneten zunächst das Gesamtgewicht aller Spinnen der Erde (etwa 25 Millionen Tonnen) und schlossen daraus auf den jährlichen Energiebedarf. Auch Regentage, an denen die Tiere meist keine Beute fangen, rechneten die Forscher mit ein. Zum Vergleich: Menschen verzehren nach Angaben der Ernährungs- und Landwirtschaftsorganisation der Vereinten Nationen (FAO) weltweit jährlich etwa 400 Millionen Tonnen Fleisch und Fisch. Auch wenn Spinnen ähnlich viel fressen, besteht ihre Hauptnahrung nicht aus Schwein und Fisch, sondern aus Insekten und anderen Tieren.

1 Spinnen beißen jedes Jahr zwischen 400 und 800 Millionen Menschen.
2 Vor allem an Regentagen fangen Spinnen keine Insekten.
3 Spinnen verzehren nicht weniger eiweißhaltige Nahrung als Menschen.

6 次の文章を読んで (1) ～ (5) の問いに答えなさい。

Der Senator für Kultur und Europa, Dr. Klaus Lederer, hat heute den Buchkünstler und „Stillen Helden" Werner Klemke mit einer „Berliner Gedenktafel" geehrt, die ihm das Land Berlin anlässlich seines 100. Geburtstages, am 12. März, gewidmet hat.

Werner Klemke gilt diese Ehrung aus vielen Gründen. Er war einer der bedeutendsten Buchkünstler der DDR und mit Sicherheit einer der beliebtesten. (a)Generationen von kulturinteressierten Erwachsenen hat die Zeitschrift »Das Magazin« – mit dem von ihm über 35 Jahre gestalteten Titelbild – begleitet. Als Lehrer an der Kunsthochschule in Berlin-Weißensee sowie Leiter eines Meisterateliers an der Akademie der Künste der DDR hat er sein Wissen an zahlreiche Künstlerinnen und Künstler weitergegeben.

Erst seit wenigen Jahren weiß man von Werner Klemke, dass er ein „Stiller Held" war, dass er während der Zeit der Besetzung der Niederlande durch die deutsche Wehrmacht als Soldat dort stationiert war und seine graphischen Kenntnisse und Fähigkeiten im Verborgenen (b)nutzte, um Reisedokumente und Lebensmittelkarten für Menschen zu fälschen, die von den Deutschen dort verfolgt waren. (c)Nach 1945 hat Werner Klemke kaum ein öffentliches Wort über seine Teilnahme am Widerstand gesagt. Umso wichtiger ist es heute, an Menschen wie ihn zu erinnern.

Senator Lederer sagte in seinem Grußwort: „Angesichts des Anwachsens rechtspopulistischer Parteien brauchen wir Vorbilder wie ihn, die Mut (A), sich für diskriminierte und verfolgte Menschen einsetzen und ihnen helfen, wenn sie als Flüchtlinge nach Deutschland kommen. Dies gilt zugleich auch für die Unterstützung von Menschen, die hier wegen ihrer Religion oder ihrer Lebensweise angegriffen und verfolgt werden. Sie alle brauchen laute, aber auch „Stille Heldinnen" und „Stille Helden" an ihrer Seite."

*Senator: ベルリン市政府の役職。州政府の大臣にあたる。

(1) 下線部 (a) の内容説明として最も適切なものを次の **1** ～ **4** のうちから一つ選び，その番号を解答欄に記入しなさい。

1 Werner Klemke が表紙を製作していた雑誌 »Das Magazin« は何世代にも渡って読まれていた。
2 Werner Klemke による表紙にもかかわらず雑誌 »Das Magazin« は文化に興味がある大人たちには人気がなかった。
3 雑誌 »Das Magazin« は Werner Klemke の表紙が人気だったため，35年以上に渡って発行されていた。
4 文化に興味がある世代の人々は Werner Klemke が雑誌 »Das Magazin« の表紙を描くことを待ち望んでいた。

(2) 下線部(b)を言い換えたときに，最も意味が近くなるものを次の 1 ～ 4 のうちから一つ選び，その番号を解答欄に記入しなさい。

1　angab　　　　2　ansprach　　　　3　anwendete　　　　4　anzeichnete

(3) 下線部(c)の内容説明として最も適切なものを次の 1 ～ 4 のうちから一つ選び，その番号を解答欄に記入しなさい。

1　Werner Klemke のような長年公にならなかった人の行為を思い出すことは非常に重要である。
2　Werner Klemke の抵抗活動は公式なものではなかったので，今日それを思い出すことが重要である。
3　1945 年以降，Werner Klemke は抵抗活動には参加しなかった。それゆえ今日では彼のような人物を公式に記憶に留めることは重要である。
4　今日，評価されてしかるべき自分の行いについて自ら語ることをしない Werner Klemke のような人々を記憶に留めることはますます重要である。

(4) 空欄（ A ）に当てはまる語として最も適切なものを次の 1 ～ 4 のうちから一つ選び，その番号を解答欄に記入しなさい。

1　geben　　　　2　machen　　　　3　sagen　　　　4　stellen

(5) 本文の内容に合うものを次の 1 ～ 6 のうちから三つ選び，その番号を解答欄に記入しなさい。ただし，番号の順序は問いません。

1　3 月 12 日は „Berliner Gedenktafel" の作者である Werner Klemke の誕生日だった。
2　Werner Klemke は東ドイツにおいて優れた装丁家だったが，人気があるとは言い難かった。
3　Werner Klemke は Berlin-Weißensee の美術大学の教員を務めるなど，後進の育成活動にも従事した。
4　Werner Klemke はドイツ軍占領下のオランダで »Stiller Held« という雑誌を発行していたことが最近わかった。
5　ベルリン市の Klaus Lederer によると，Werner Klemke のような手本となる人々が求められている。
6　信仰などの理由で迫害されている人々のためには，表立って人助けをする人も必要であるというのが Klaus Lederer の考えである。

7

次の会話を読み，空欄（ a ）〜（ e ）に入れるのに最も適切なものを，下の 1 〜 5 のうちから選び，その番号を解答欄に記入しなさい。

Interviewer: Herr Geißler, wer hat die Zeit erfunden?
Geißler: Das ist nicht ganz leicht zu beantworten. Die Zeit als Idee entstand vor 600 Jahren, am Ende des Mittelalters, mit der Erfindung der mechanischen Uhr. Sie wurde wahrscheinlich von einem Mönch* in einem Kloster nördlich von Mailand erfunden. (a) Vorher gab es in den Klöstern lediglich Kerzenuhren.
Interviewer: Kerzenuhren?
Geißler: Man hat eine Kerze genommen und darauf mit Strichen eine Zeitskala markiert. Dann hat man einen Metallstift in die Kerze gesteckt. (b) So sind die Mönche aufgewacht. Der Nachteil war, dass einige Klöster abgebrannt sind.
Interviewer: Wurde die Uhr erfunden, um Gott zu ehren?
Geißler: Der Mönch hätte seine Erfindung wahrscheinlich gerne zurückgezogen, wenn er geahnt hätte, was er damit auslöst. Vorher glaubten die Menschen, Gott sei der Herrscher über die Zeit. Aber durch die Uhr wurde Gott der Zeit beraubt. (c) Die Uhr befreite sie.
Interviewer: Inwiefern?
Geißler: (d) Sie begannen sich als selbständiges Individuum zu sehen und nicht mehr als einen kleinen Teil in einer von Gott gelenkten Welt. Vor allem bei den Kaufleuten in den Handelsstädten, in Mailand, Florenz, Venedig, Genua und Pisa, war das so. Sie sahen die Uhr als Chance, ihren Handel präziser zu organisieren. (e) Das war der Beginn der Moderne. Die Moderne ist eine Uhrzeit-Moderne.

*Mönch: 修道僧

1 Sie gehörte nicht mehr ihm allein, sie gehörte jetzt auch den Menschen.
2 Sie entfernten sozusagen den Glauben aus der Zeit, bis sie leer und kahl war, und gaben ihr einen neuen Inhalt: Geld.
3 Die Kerze brannte runter, und der Metallstift fiel raus und machte Krach.
4 Die Uhr war in erster Linie ein Wecker. Sie sollte den Mönchen helfen, ihre Gebetszeiten einzuhalten.
5 Die Menschen konnten ihre Zeit selbst gestalten.

2級 2017年度 冬期 ドイツ語技能検定試験
筆記試験 解答用紙

2017年度 冬期 ドイツ語技能検定試験
2級
聞き取り試験　解答の手引き
（試験時間　約30分）

> 出題は新しい正書法（単語のつづり方などに関する規則）に従います。

――― 注　　意 ―――

■受験票と机の上の受験番号が同じであることを確認してください。
■携帯電話，スマートフォン，スマートウォッチ等の電子機器類は電源を切り，カバン等にしまってください。机の上に置いてはいけません。
■中途退場は認めません。

①指示があるまでページを開いてはいけません。
②聞き取り試験は2部から成り立っています。
③試験監督者の指示に従って，解答用紙の所定の欄に，受験番号・氏名を記入してください。
④放送の指示でページを開き，解答のしかたをよく読んでください。解答のしかたと選択肢などが，2～3ページに示されています。
⑤解答は黒のHBの鉛筆で強めに記入してください。
　書き直す場合には，消しゴムできれいに消してから記入してください。
⑥**解答はすべて試験時間内に解答用紙の指定された箇所に記入してください。**
⑦記入する数字は，下記の見本に従って書いてください。

■試験が終わっても，指示があるまで席を立たないでください。
■解答用紙は持ち帰ってはいけません。
■この問題冊子の無断転載，無断複製を禁じます。

第 1 部　Erster Teil

1. 第 1 部は問題（**A**）から問題（**D**）まであります。
2. 問題ごとに短い会話を 2 回聞いてください。会話の内容に合うものを選択肢 **1 〜 3** の中から一つ選び，その番号を解答用紙の所定の欄に記入してください。
3. 15 秒の間をおいてから，次の問題に移ります。
4. メモは自由にとってかまいません。
5. 第 1 部終了後，第 2 部が始まるまで，30 秒の空き時間があります。

（**A**）　1　Das neue Schuhmodell ist von einer bekannten Firma.
　　　　2　Der Preis spielt für den Mann keine Rolle.
　　　　3　Die Schuhe sind nicht gut bei Regen.

（**B**）　1　Die Frau kann sich heute ausruhen.
　　　　2　Die Frau möchte heute zum Arzt gehen.
　　　　3　Der Mann und die Frau sind Arbeitskollegen.

（**C**）　1　Walter möchte keine Überstunden machen.
　　　　2　Alle Mitarbeiter wurden entlassen.
　　　　3　Michael findet die Entscheidung des Chefs gut.

（**D**）　1　Am Festival nehmen Bands aus verschiedenen Ländern teil.
　　　　2　Die Frau möchte auch zum Festival gehen, wenn es regnet.
　　　　3　Der Mann möchte jetzt kein Wasser.

―――――― 第2部　Zweiter Teil ――――――

1. 第2部は質問（**A**）から（**E**）まであります。
2. 最初に留守番電話に残されたドイツ語のメッセージを聞いてください。
3. その後，質問（**A**）を1回，それに対する解答の選択肢**1**～**3**をそれぞれ2回読み上げます。最もふさわしいものを一つ選び，その番号を<u>解答用紙の所定の欄に</u>記入してください。
4. 以下同じように，質問（**B**）から（**E**）まで進みます。
5. その後，メッセージとそれに対する質問および解答の選択肢を1回ずつ読み上げます。
6. メモは自由にとってかまいません。
7. 試験終了の合図と同時に解答をやめてください。
8. 試験監督者が解答用紙を集め終わるまで席を離れないでください。

（**A**）　Wer möchte ein Haus verkaufen?

    1
    2
    3

（**B**）　Was denkt Frau Pichler über Herrn Wallner?

    1
    2
    3

（**C**）　Was möchte Frau Steiner nächste Woche machen?

    1
    2
    3

（**D**）　Warum kann man nicht sofort in dem Haus wohnen?

    1
    2
    3

（**E**）　Was muss Herr Wallner bis 20.00 Uhr machen, wenn er das Haus kaufen will?

    1
    2
    3

2017年度 冬期 ドイツ語技能検定試験

聞き取り試験 解答用紙

受験番号: 17W____　氏名:

手書き数字見本: 0 1 2 3 4 5 6 7 8 9

【第1部】

(A) ☐　(B) ☐　(C) ☐　(D) ☐

【第2部】

(A) ☐　(B) ☐　(C) ☐　(D) ☐　(E) ☐

冬期《2級》 ヒントと正解

【筆 記 試 験】

1 語形変化・アクセント

正解 (1) 3　(2) 1　(3) 2

　名詞から対応する形容詞を作った時の語形，語アクセント，文アクセントに関する知識を問う問題です。

　（1）正解は選択肢 3 の Nation（国民，国家）です。対応する形容詞は national となります。他の選択肢の名詞では，語尾に -ell を付けて形容詞を作ります。ただし，選択肢 1 の Industrie「工業」は名詞自体が e で終わるので -ll だけが付き，industriell になります。この選択肢を選んだ解答は 39.46% ありました。選択肢 2 の Kultur「文化」は kulturell，選択肢 4 の Tradition「伝統」は traditionell になります。選択肢 2 を選んだ解答が 38.82% ありました。e で終わる語に，重ねて e で始まる要素をつけないというのがドイツ語の一般的なルールです。-al も -ell もふつう外来語からの派生に用いられる接尾辞です。Form（形式）から作る formal（形式の）/ formell（形式的な）のように両方の形を持つものもあります。［正解率 14.40%］

　（2）合成語のアクセントの位置に関する知識を問う問題です。それぞれの選択肢の組では，左が unter- を接頭辞（前つづり）とする非分離動詞，右がこれに意味的に対応する名詞となっています。正解は選択肢 1 の unterhalten – Unterhaltung です。非分離動詞の前つづりにはアクセントが置かれることはありませんが，それに対応する名詞の Unter- にアクセントが置かれるかどうかは，語によって異なります。Unterhaltung の場合，Unter- にはアクセントがありませんが，他の選択肢に挙る名詞の Unter- にはアクセントが置かれます。したがって，動詞と名詞でアクセントの位置が変わらないのは選択肢 1 だけで，これが正解です。［正解率 35.00%］

　（3）文アクセントが置かれる語を問う問題です。正解は選択肢 2 です。A の「このスカートはいかがですか？」という問いかけ（勧め）に対し，B は「とても

— 53 —

すてきですね」といったん肯定的に答えています。しかし「でもこれは私にはサイズが合いません」と続け，見た目の評価とは食い違う，サイズについての否定的な評価を述べています。選択肢 **4** を選んだ解答が 48.61% ありました。もともとサイズ自体が話題になっていて，それについて否定的に述べる場合は nicht が強調されますが，ここではまず話題を転換するため passen が強く発音されます。また，選択肢 **3** を選んだ解答が 41.05% ありましたが，事態の確認，反発など話し手の心情を表して文中に置かれる doch にアクセントは付きません。［正解率 8.67%］

◇この問題は 9 点満点（配点 3 点×3）で，平均点は 1.74 点でした。

> **1 解説のまとめ**
> * 日常よく使われるドイツ語の語彙には，古くから定着しているものから近年新しく入ってきたものまで，外来語が多く混じっています。外来語は通常ドイツ語固有の決まりに従わないので，アクセントの位置など個別に覚えなければなりません。形容詞派生の際にも -al，-ell，-iv，-ös など，決まった接尾辞が使われるようです。
> * 短い会話でも会話が成立している以上，常に何かしらの新しい情報が加えられることで会話が続きます。その過程で情報は次々と交替し，新情報は旧情報になっていきます。新情報はその時点で最も重要な情報です。通常はその情報を担う語に文アクセントが置かれます。

2 語彙・語順

正解 (1) 1　(2) 1　(3) 2　(4) 4

前半は文意に応じて空欄に入る前置詞および分離動詞の前つづりを選ぶ問題です。後半は適切な単語の並べ方を選ぶ問題です。

（1）**a** の文の空欄には副詞か，machen と結びつく分離前つづりが入ると推測されます。選択肢 **2** の in は前置詞で，副詞にも前つづりにもなり得ません。選択肢 **3** の unter は分離前つづりに（あるいは非分離前つづりにも）なり得るものですが，machen と結びつくことはありません。選択肢 **1** の auf を使えば aufmachen（開ける）という分離動詞ができます。その場合，文は「はやく窓を開けて下さい！ 変な匂いがします！」という意味になります。選択肢 **4** の zu を空欄に

入れても zumachen という分離動詞ができ,「はやく窓を閉めて下さい！ 変な匂いがします！」という意味の文が成立します。**b** の文の空欄には動詞 schauen（見る）と結びつく, 方向を表す前置詞が入ります。schauen の意味からは空欄に入るものとして選択肢 **1** の auf, 選択肢 **2** の in, 選択肢 **4** の zu が考えられますが, このうち空欄に続く男性単数4格の den Stadtplan に噛み合うのは auf と in のみです。**a** と **b** の両方の空欄に入るのは選択肢 **1** の auf だけで, これが正解となります。**b** の文は「旅行者たちは街の地図の上に視線を落とし, ゼンパーオーパー (Semperoper) を探している」という意味になります。［正解率 69.61%］。

（2） **a** の文では形容詞 typisch（典型的な）と結びつく前置詞を探すことになります。typisch という語に結びつく前置詞は選択肢 **1** の für です。この場合, **a** の文は「その強い雨はこの季節に典型的なものである」という意味になります。もっとも, 選択肢 **4** の um を用いることも可能です（その場合, **a** の文は「その強い雨はこの季節の頃には典型的なものである」という意味になります）。**b** の文の場合, 空欄に入って意味をなす文を作ることができるのは選択肢 **1** の前置詞 für（「住人たちはその古城の改築に賛成である」という意味になります）と選択肢 **2** の前置詞 gegen（「住人たちはその古城の改築に反対である」という意味になります）のみです。**a** と **b** の両方の空欄に入るのは選択肢 **1** の前置詞 für のみで, これが正解です。［正解率 40.33%］。

（3） 正解は選択肢 **2** です。**A** の「シュナイダー女史が何を言おうとしていたのか, 私に言っていただけますか?」という内容に対して, **B** が答えるもので, 完成する文は「彼女はとても小さな声で話したので, 彼女を理解することがほとんどできない状況でした」という意味になります。ここでは so＋形容詞/副詞, dass ... という,「あまりに～なので, ～である」という原因と帰結を表す構文が使われています。**B** の文は前後の文脈によって「彼女はほとんど聞き取れないほどの小さな声で話しました」と訳すことも可能です。選択肢 **1** は sprach にかかるべき so leise が, 切り離されて従属文中に入っており, 文が全体で意味をなしません。選択肢 **3** と選択肢 **4** も語法的に誤りですし, **A** の文に噛み合う形で **B** の文を解釈することができません。［正解率 61.89%］。

（4） 複数の語句のまとまりを適切な順序で並べ, 文を構成する問題です。正解は選択肢 **4** です。文の意味は「ときおり, タニヤが寝つけず, 月が空に現われたときには, 彼女はバルコニーから湾内の漁船を数えようとするのだった」となります。ここでは (**E**) に含まれる wenn が従属接続詞であることが鍵になります。

従属文と主文はコンマで区切られるのが普通なので，二つのコンマで挟まれた部分（初めの四つの空欄）で従属文が構成されると予測できます。従属文は従属接続詞で導かれるので，最初の空欄には (**E**) が入るのが適当です。そのため，選択肢**1**と選択肢**2**は正解になりません。二つ目の空欄に入るものとしては (**A**) と (**C**) の両方が考えられますが，選択肢**3**の場合，三つ目の空欄と四つ目の空欄に入ることになる定動詞の位置が不適切です。［正解率 54.57％］。

◇この問題は 12 点満点（配点 3 点×4）で，平均点は 6.80 点でした。

> **2 解説のまとめ**
> * (**1**) の問題は，auf が「〜の上」という位置関係以外の内容も表せることが意識にないと解答できません。auf に限らず，位置関係を表す前置詞はいろいろなニュアンスで用いられるので辞書で確認しましょう。
> * (**3**), (**4**) のような問題に備えるためには，とりわけ定動詞の位置についてよく学習することが必要です。定動詞は主文では第 2 位，従属文では文末に置くのが原則です。

3 同じ意味のドイツ語文に書き替え

正解 (1) Seitdem　(2) sieht　(3) Arbeit　(4) Es
　　 (5) schnellsten

従属の接続詞，様態を示す語句とともに用いられる動詞，前置詞，非人称の es，副詞の最上級などが用いられる文の書き替え問題です。スペルが正確に記入されている場合のみ正解としました。大文字，小文字の誤りがあった場合は，部分点（2 点）を加点しています。

(1) **a** の文は，「息子が生まれて以来，トムはもはやたばこを吸っていない」という意味です。**b** の文では文頭が空欄で，その次に主語があり，コンマの直前に動詞の定形があることから，コンマより前の箇所が従属文であることがわかります。**a** の文では前置詞 Seit「〜以来」が用いられているので，それと同義で，なおかつ従属文を作ることができる接続詞 **Seitdem** が正解です。文頭に置かれるので大文字で書く必要があります。なお，Nachdem「〜した後で」という解答が多く見られましたが，Nachdem を使う場合，主文で述べられる内容は，「もはやたばこを吸っていない」というような継続的な状態ではなく，一回で完結する

ような行為です。［正解率 15.92%］

　（2）**a** の文は，「アキコはとても疲れているように見える」という意味です。**b** の文では，定形の動詞が欠けており，また文末に aus が名詞や代名詞を伴わず単独で置かれているので，この aus は前置詞ではなく，分離動詞の前つづりであるということがわかります。**a** の文では，zu 不定詞とともに用いられることにより「～しているように見える」という意味になる動詞 scheinen が用いられているため，**b** の文では，この動詞と同義で，なおかつ aus という前つづりを持つ分離動詞 aussehen が使われることになります。ここから aus を除いた sehen の 3 人称単数形の **sieht** が空欄に入る正解となります。seht という解答が多く見られましたが，sehen は不規則変化の動詞であるため，3 人称単数形は seht にはなりません。［正解率 59.95%］

　（3）**a** の文は，「コンピューターで仕事をする時，ザビーネはいつも分厚い眼鏡をかける」という意味です。Wenn から arbeitet までの従属文の内容を，前置詞と名詞の組み合わせに書き替える問題です。**b** の文頭には 3 格を支配する前置詞 Bei が書かれているので，それに続く定冠詞 der が女性 3 格であり，空欄には女性名詞が入ることがわかります。そして **a** の文の従属節の中に出てくる arbeitet「仕事をする」の内容が **b** の文に入っていないので，空欄には動詞 arbeiten の名詞形が入ることになり，女性名詞 **Arbeit** が正解となります。［正解率 59.87%］

　（4）**a** の文は，「ドイツから来た学生たちと知り合えて，私は嬉しい」という意味です。**b** の文では主語がなく，動詞の定形が freut となっているので，空欄には 3 人称単数の定形を作る主語が入ることになります。また **b** の文の freut mich の箇所は他動詞と 4 格の人称代名詞の組み合わせで，「（主語が）私を嬉しがらせる」という意味になります。それゆえ，空欄には「私を嬉しがらせる」ところのものを主語として入れることになり，後半の zu 不定詞を受けて主語として機能できる **Es** が正解になります。文頭に置かれるので大文字で書く必要があります。なお，Das という解答が多く見られましたが，これは指示代名詞であり，前に書いてある内容を受けることは可能ですが，後ろに書いてある内容を受けることができないため不正解となります。［正解率 69.79%］

　（5）**a** の文は，「そのクラスのうちの誰も，ミヒャエルより速く走らない」という意味です。**b** の文では Michael が主語になっているので，**a** の文と意味を同じにするためには「ミヒャエルはそのクラスの中で一番速く走る」という文を作る必要があります。am がすでに入っていることから，空欄には schnell（速く）の

最上級 schnellst に -en をつけた形が入ることになり，**schnellsten** が正解となります。schnellisten や schnellesen, また schnellste のようなスペルミスや語形変化の誤りが多く見られました。［正解率 52.39％］

◇この問題は 20 点満点（配点 4 点×5）で，平均点は 10.31 点でした。

> **3 解説のまとめ**
> *出題された文をしっかり読み，まず文の構造を把握して空欄にどういう品詞を入れるべきなのかをしっかり考えて問題に取り組みましょう。
> *類似した意味を持つ従属接続詞と前置詞の対応関係，動詞と名詞の対応関係，動詞同士の書き替えの可能性などを理解することが重要です。
> *形が変化する品詞が空欄に入る場合は，その変化形にも注意を払いましょう。
> *筆記の問題では，読めない文字は採点されません。読みやすい文字で書きましょう。また，誤解が生じないよう丁寧に解答を書くことも重要です。筆記体を避け，ブロック体で書きましょう。

4 文の意味と構造から空欄に入る語を選択

正解 (1) 2 (2) 3 (3) 3 (4) 4 (5) 2

関係代名詞，従属接続詞，動詞と名詞の組み合わせによる慣用表現，形容詞と共に用いられる前置詞，助動詞の完了形に関する問題です。文全体の意味や構造に注意して，適切な語を選択します。

(1) 問題文は「重要なのは職員の皆様の健康であり，私たちは皆様に安心して働くことのできる職場を提供します」という意味の文です。選択肢 **1** の dann は副詞です。空欄以降は従属文なので文法的に当てはまらず，不正解になります。選択肢 **3** の wem は，間接疑問文を導く疑問代名詞（誰に〜）だとしても，不定関係代名詞（〜する人）だとしても，文全体の意味内容に当てはまりません。選択肢 **4** の wenn は条件や反復的事実を示す従属文を導く接続詞ですが，問題文では主文の内容が従属文の内容に左右されるものではなく，意味的に適合しません。この従属文では jm et$^+$ bieten（〜に〜を提供する）という表現が使われているので，空欄には Mitarbeiterinnen und Mitarbeiter を先行詞とする複数 3 格の定関係代名詞が入ります。したがって，正解は選択肢 **2** の denen となります。［正解率

40.65％〕

　（**2**）問題文は「私たちが知る限りでは，そのプロジェクトにおける作業はすでに完了しています」という意味の文です。選択肢 **1** の Damit は目的を表す従属文（～のために），選択肢 **2** の Dass は名詞に相当する従属文（～こと）を，選択肢 **4** の Weil は理由を表す従属文（～なので）を導く接続詞ですが，いずれも主文の意味内容に適合しません。選択肢 **3** の Soweit は発言や判断の根拠を限定的に表現する用法で，wissen や kennen などとよく一緒に用いられます。したがって，正解は選択肢 **3** の Soweit となります。〔正解率 43.28％〕

　（**3**）問題文は「ただいま私どもの商品配達期間は 2～3 週間であること，ご承知おきください」という意味の文です。名詞 Kenntnis と動詞との結びつきが焦点になります。選択肢 **1** の Bekommen を使った Kenntnis von et³ bekommen（～について知らされる）という表現がありますが，問題文で用いられている前置詞は zu なので，この空欄には当てはまりません。選択肢 **2** の Geben は jm et⁴ zur Kenntnis geben（～に～を知らせる）という表現を作りますが，問題文では 3 格目的語が欠けている上，意味内容的にも当てはまりません。選択肢 **4** の Treten は Kenntnis と結びついた表現ができず，排除されます。ここでは et⁴ zur Kenntnis nehmen（～を承知する）という表現を構成する選択肢 **3** の Nehmen が正解となります。〔正解率 41.37％〕

　（**4**）問題文は「有刺鉄線が多くの動物たちを傷つけており，動物保護活動家たちは繰り返しそのことに対して注意喚起をしている」という意味の文です。空欄には従属文を導く要素が入ります。選択肢 **1** の wo，選択肢 **2** の woher，選択肢 **3** の wohin はどれも関係副詞として従属文を導くために使うことができますが，いずれも文の意味内容に適合しません。ここでは auf jn / et⁴ aufmerksam machen（～に対して注意喚起をする）という表現が使われていることに注意しましょう。aufmerksam は前置詞 auf と結びつく形容詞です。空欄には主文の意味内容を先行詞とする不定関係代名詞 was との融合形が入ります。したがって，正解は選択肢 **4** の worauf です。〔正解率 59.90％〕

　（**5**）問題文は「私たちは最初の部屋に満足できなかったので，もう二三，他の部屋も見せてもらった」という意味の文です。選択肢はすべて lassen およびその変化型となっています。ポイントとなるのは助動詞が現在完了形で使われる時の過去分詞の形です。lassen の過去分詞が選択肢 **1** の gelassen となるのは，lassen が本動詞として用いられる時なので，この選択肢は空欄に当てはまりません。選

択肢 3 の lassend は現在分詞，選択肢 4 の ließ は過去基本形ですが，いずれも文法的に空欄に適合しません。ここでは lassen が使役の助動詞として用いられているので，過去分詞は不定詞と同じ形になり，したがって正解は選択肢 2 の lassen となります。［正解率 41.69％］

◇この問題は 15 点満点（配点 3 点×5）で，平均点は 6.80 点でした。

4 解説のまとめ

* 前置詞と動詞からなる表現は数多くあるので，少しずつ語彙を身につけていきましょう。そのような表現のリストが掲載されている中・上級向けの文法書や問題集も参考になります。
* 問題によっては，該当する表現を知らなくても，文法構造をとらえることで解答のヒントを得ることができます。問題文をしっかり読むよう心がけましょう。

5 やや長いテキストの要点の理解

正解　(1) 3　(2) 3

本格的な長文読解への橋渡しを意図して作成された問題です。設問の形式は本文の内容に照らして選択肢の内容の正誤を問うものです。

(1) この文章は，ドイツ基本法が公布された後にも残った，ドイツにおける女性の社会進出の立ち遅れについて書かれたものです。テキストは 2017 年 3 月 10 日付《Die Zeit》紙の記事 „Wer hat mehr Rechte?" から抜粋したものです（一部の単語を削除しました）。

内容：
我々の共同生活のための最も重要な諸規則が書かれていて，書かれて 70 年になるかどうかというドイツ基本法には，（男女）同権が最初から含まれていた。しかしながら女性たちが本当にすべてをすることが許されるようになるまでには，その後もまだ長い時間がかかったのである。たとえば自分自身の銀行口座を開設することが女性たちに許されたのはやっと 1953 年になってからで，60 年あまり前からのことだ。そして 40 年前までは既婚女性たちが働くことができたのは，夫の同意があり，彼女たちが「家事の義務」をなおざりにしない場合にのみのことだった。ようやく 1995 年以降にドイツでは女性の消防士が現

れるようになり，2001年以降に連邦国防軍で女性兵士が現れるようになった。

選択肢 **1** は「ドイツ基本法において男女同権が保証されるまでにおよそ70年かかった」という意味です。本文には，70年前に書かれたドイツ基本法においては既に最初から男女同権が定められていたとあるので，これは不正解です。これを選択した解答は31.11％ありました。

選択肢 **2** は「ドイツ基本法は，女性は結婚していないと働いてはならない，と定めている」という意味です。本文には女性が働くことができる条件をドイツ基本法が定めているとは書かれておらず，ただ，40年前まで既婚女性が働く際には家事との両立が前提とされた，という内容が書かれているのみです。この前提がドイツ基本法に書かれていたかどうかは本文から推し量ることはできません。そのため，この選択肢は不正解になります。これを選択した解答は25.93％ありました。

選択肢 **3** は「1990年代，ドイツでは，連邦国防軍で兵士として活動する女性はいなかった」という意味です。本文の最後にはドイツでは2001年から女性兵士がいると書かれており，これは文章の内容に合致します。したがって選択肢 **3** が正解となります。［正解率42.96％］

(2) この文章はクモがいかに大食いであるかについて紹介しています。オンライン版《Süddeutsche Zeitung》紙の記事 „Spinnen fressen doppelt so viel Fleisch wie Menschen" (2017年3月15日閲覧)を一部変更して使用しました。

内容：

クモがいなければ，人類は何をすることだろう。この八本足の生き物は，蚊やその他の針で刺す習性のある生き物，わずらわしい昆虫たちを，それもたくさん食べてくれる。毎年世界全体で，4億トンから8億トンのタンパク質を摂取するわけなのだ。この数値はバーゼル大学の研究者たちが算出し，ある専門雑誌で公表したものだ。この動物学者たちはまず，地球上のすべてのクモの総重量（約2千5百万トン）を算出し，そこから年間の必要エネルギー量を推定した。この生き物たちは雨の日にはたいてい獲物を捕まえないが，そうした日も計算に入っている。比較のために述べると，国連食糧農業機関（FAO）の情報によれば，人間は毎年世界全体で約4億トンの肉と魚を平らげる。クモが食べるのは似たような量だと言っても，その主食は豚や魚ではなく，昆虫や他の生き物たちだ。

選択肢 **1** は「クモたちに毎年4億人から8億人の人々が噛まれる」という意味

です。このようなことは本文中に書かれていません。クモは毎年4億トンから8億トンのタンパク質を摂取している，と書いてあるのみです。したがってこの選択肢は不正解です。これを選択した解答は 16.07% ありました。

選択肢 **2** は「とりわけ雨の日にはクモは昆虫を捕らない」という意味です。本文中では，クモが雨の日にはたいてい獲物を捕まえないとあるだけです。この選択肢 **2** の内容では，他の天気の日にもクモはもともと獲物をあまり捕らない傾向にあるという暗示がされてしまいます。そのようなことは本文中には書かれておらず，また本文中ではクモが雨の日に獲物を捕まえることが全く否定されているわけでもありません。したがってこの選択肢は不正解となります。これを選択した解答は 23.39% ありました。

選択肢 **3** は「クモたちは人間たちに劣らぬ量のタンパク質を含んだ食物を平らげる」という意味になります。本文の最後で，人間が年間に肉や魚を4億トンほど消費しているというデータが挙げられています。既にクモたちは年間に4億から8億トンのタンパク質を摂取しているということが本文で述べられていましたから，この選択肢 **3** の内容は妥当なものです。したがって正解は選択肢 **3** となります。［正解率 60.46%］

◇この問題は8点満点（配点4点×2）で，全体の平均点は4.14点，個別では (**1**) 1.72点，(**2**) 2.42点でした。

5 解説のまとめ

* 本文テキストにはドイツ語圏で提供されている，表現が比較的平易な文章を採用しています。速読して大意を把握しながら選択肢に対応する箇所をすばやく見つけ，内容的な整合性を判断することが求められます。
* (**1**) の文章は，明文化された法と実際の社会での運用の間に乖離が存在する，という点について日頃から問題意識を持っていないと理解が難しいかもしれません。(**2**) については，正答の選択肢 **3** がテキスト中のかなり具体的な数値を根拠に判断が可能であるためか，正解の解答が多く見られました。解答に際しては冷静な判断力も鍵となります。

6 長文読解

正解 (**1**) 1　(**2**) 3　(**3**) 4　(**4**) 2　(**5**) 3, 5, 6 (順不問)

冬期《2級》

　この問題では，テキストの重要な語句や文に関する設問を通じて，テキスト全体の内容を正しく理解しているかがわかります。出典はベルリン市ウェブサイトにある文化・ヨーロッパ担当参事局（Senatsverwaltung für Kultur und Europa）の報道発表 „Berliner Gedenktafel für Werner Klemke"（2017 年 3 月 14 日付）です。記事は，ベルリン市参事クラウス・レーデラー（Klaus Lederer）氏が「無言の英雄」(„Stiller Held")であった旧東ドイツの芸術家ヴェルナー・クレムケ（Werner Klemke）を顕彰する行事に参加したことを報じるものです。なお，ベルリン市は市でありながらドイツ連邦共和国を構成する 16 の州の一つとして位置付けられており，ベルリン市長は州総理大臣に相当します。問題文で登場するクラウス・レーデラー氏の役職は「参事」（Senator）ですが，州政府の大臣にあたります。

内容：

　文化・ヨーロッパ担当参事クラウス・レーデラー博士は今日，「ベルリン記念銘板」によりブックアーティストかつ「無言の英雄」であるヴェルナー・クレムケを讃えた。① これはベルリン市がクレムケの 100 回目の誕生日にあたる 3 月 12 日を記念し，州として献呈したものである。

　ヴェルナー・クレムケにこの栄誉が贈られたことには多くの理由がある。② クレムケは東ドイツの最も重要なブックアーティストの一人で，確実に最も人気があったブックアーティストの一人であった。(**a**) 文化に関心を持つ一般成人にとり，雑誌《マガツィーン》— その表紙絵は 35 年以上にわたってクレムケが制作していた — は何世代にもわたって傍にあるものだった。③ ベルリン・ヴァイセンゼーにある美術大学の教員として，また，東ドイツ芸術院にあるマイスター工房の指導者としてクレムケは彼の知識を数多くの芸術家たちに伝えていた。

　④ この数年になってやっと知られるようになったのは，ヴェルナー・クレムケが「無言の英雄」であり，オランダがドイツ軍によって占領されている当時，オランダに兵士として配置されており，そこでドイツ人たちに迫害されていた人々を助けようと旅行用書類や食糧配給切符を偽造するため，そのグラフィックアートの知識と能力を密かに (**b**) 使ったことだ。(**c**) 1945 年以降，ヴェルナー・クレムケが自分が抵抗運動に関わったことについて公の場で語ることはほとんどなかった。それだけいっそう，クレムケのような人々のことを思い起こすことは今日重要である。

　レーデラー参事は挨拶で次のように語った：「右派ポピュリズム政党の伸長に直面して私たちは，勇気を (**A**) 与え，差別を受ける人々，迫害を受ける人々に

— 63 —

尽くし，そうした人々が難民としてドイツにやってきた時に助ける ⑤ ヴェルナー・クレムケのような模範的存在を必要としています。 ⑥ このことはまた同時に，宗教や生き方のためにドイツで攻撃や迫害を受ける人々の支援についてもあてはまります。こうした人々は誰もが，大きな声をあげる英雄が傍にいることを必要とします。しかしまた彼らは，「無言の英雄」が傍にいることも必要としているのです。」

（1）は下線部（a）の内容に合う選択肢を選ぶ問題です。ここでポイントとなるのは動詞 begleiten です。この動詞は基本的には「～に付き添う」や「～に伴う」という意味で用いられます。ここから転じて「～の傍にある」という意味で比喩的に使われることがあり，その場合は二つのものの間に密接な繋がりがあることが表されます。この箇所もそれにあたり，雑誌『マガツィーン』《Das Magazin》と何世代にもわたって文化に関心を持つ一般成人（Generationen von kulturinteressierten Erwachsenen）との間に深い関わりがあった，つまり，受け入れられていたことが表されています。したがって正解は選択肢 1 になります。なお，下線部（a）には mit で始まる挿入句 mit dem von ihm über 35 Jahre gestalteten Titelbild が含まれますが，これは単に表紙絵の作者がクレムケであることを説明しているだけです。そのため，この挿入句の内容と文全体の内容に因果関係があることになる選択肢 2 と選択肢 3 は不正解になります。42.08％の解答が選択肢 3 を選んでいました。また，選択肢 4 を選んだ解答も 26.73％ ありましたが，これは上の begleiten の意味の点から不正解です。［正解率 26.09％］

（2）は下線部（b）の動詞 nutzen（問題文では過去形 nutzte）の言い替え問題です。ここでは nutzen は他動詞として使われており，「～を利用する」という意味です。選択肢としてはどれも過去形が挙げられています。選択肢 1 は angeben（～を告げる / 述べる）の，選択肢 2 は ansprechen（～に話しかける）の，選択肢 3 は anwenden（～を利用する），選択肢 4 は anzeichnen（～を描く）の過去形です。したがって，原文に最も近いのは選択肢 3 の anwendete で，これが正解です。クレムケが美術家であったためか，選択肢 4 を選んだ解答が 29.20％ ありました。［正解率 33.17％］

（3）は下線部（c）の内容に合致するものを選択肢から選ぶ問題です。この問題を解く鍵は umso＋比較級の表現です。この表現は先行する文の内容を受け，その結果として何かがいっそう増減することを表します。下線部（c）には二つの文が含まれますが，第 1 の文ではヴェルナー・クレムケがその抵抗運動との関わり

を公に語ることがほとんどなかったことが表されています。これを踏まえて umso と形容詞 wichtig の比較級である wichtiger から始まる第2の文ではヴェルナー・クレムケのような人々のことを思い起こすことが今日ますます重要になっていることが表されているのです。したがって，選択肢 **4** が正解です。［正解率 54.89％］

(4) は，問題文の空欄 (**A**) に適切な動詞を入れて表現を完成させる問題です。ここでは，Mut (勇気) という単語に結びついて「勇気を与える」という意味になる表現を完成させます。ドイツ語では，特定の名詞と動詞が結びつくことが多く見られますが，Mut の場合は machen と結びつき，Mut machen (勇気づける) という表現を作ることが最も普通です。したがって，正解は選択肢 **2** です。選択肢 **1** を選んだ解答が 36.44％，選択肢 **4** を選んだ解答が 25.93％ ありました。［正解率 24.74％］

(5) は，選択肢から適切な解答を三つ選ぶ問題で，**3**，**5**，**6** が正解となります。本文では，それぞれ ③，⑤，⑥ の箇所に該当します。選択肢 **1** を選んだ解答も 56.56％ ありました。① にあるように，3月12日はヴェルナー・クレムケの誕生日ですが，クレムケは「ベルリン記念銘板 (Berliner Gedenktafel)」の作者ではありません。選択肢 **2** も注意が必要です。② の箇所にはクレムケがブックアーティストであったとあり，装丁家として活躍していたとわかるのですが，同時に人気があったことも記されています。そのため，選択肢 **2** は本文の内容に合致しません。選択肢 **4** も適切ではありません。④ の箇所では (また，問題文の冒頭でも) ヴェルナー・クレムケが「無言の英雄」("Stiller Held") であると言われているのですが，これは雑誌のタイトルではありません。選択肢 **4** は 46.14％ の解答が解答として選択していました。［**3** の正解率 75.50％，**5** の正解率は 63.17％，**6** の正解率は 51.07％］

◇この問題は 24 点満点 (配点 (1)〜(4) 3 点×4，(5) 4 点×3) で，平均点は 11.76 点でした。

6 解説のまとめ

＊中級レベルのテキストになると，基礎的な前置詞でも応用的な用法で使われている文が多く見られます。例えば mit はまず「〜と一緒に」という意味で学びますが，「手段」の表現に使うこともできます。なので，mit einer „Berliner Gedenktafel" ehren という表現は「『ベルリン記念銘板』を使って讃える」という意味になります。また，über はまず「〜の

上方に / 〜の上方へ」という意味の使い方に触れますが，über 35 Jahre という表現は「35 年以上にわたって」という意味です。
* ドイツ語の文章では，冠飾句が頻繁に使われます。これは，分詞の形で名詞を修飾する動詞を使った表現で，関係代名詞文と同じ働きを持っています。mit dem von ihm über 35 Jahre gestalteten Titelbild という冠飾句表現は mit dem Titelbild, das er über 35 Jahre gestaltete という関係代名詞を含んだ表現にあたります。冠飾句は一見，複雑な表現に見えますが，関係代名詞を使った表現ではどうなるか考えると比較的容易に理解が可能です。

7 長い会話文の文脈理解と会話文の完成

正解　(a) 4　(b) 3　(c) 1　(d) 5　(e) 2

　会話の流れを理解し，適切な選択肢を選び，会話文を完成させる問題です。今回は，ミュンヘンのはずれに住む時間研究家，カールハインツ・ガイスラー氏とのインタビューが使われています。出典は，2017 年 1 月 5 日付《Die Zeit》紙に掲載された記事 „Uhren sind moderne Diktatoren" で，文章には若干の修正を施してあります。
　最初に「誰が時間を発明したのですか？」という質問がインタビュアーからなされ，その答としてガイスラー氏は，それに対して答えるのはたやすいことではないが，機械時計の発明とともに時間の観念が生じた，ということを述べています。そして，機械時計がおそらくミラノ (Mailand) の北のほうにある修道院である修道僧によって発明された，という内容の返答が続き，その後に空欄 (a) が来ます。そのため，修道僧と時計との関係の説明をしている選択肢 4「時計はまず目覚まし時計であり，それは僧侶たちが祈祷の時間を守るのを助けるためのものでした」が正解となります。［正解率 49.48％］
　空欄 (a) の直後，ガイスラー氏は，機械時計の発明以前には修道院にはローソク時計だけがあった，と述べます。それを受けてインタビュアーは「ローソク時計？」と聞き返し，この種の時計がどのようなものであったのか訊き出そうとしています。空欄 (b) はローソク時計についてのガイスラー氏の説明の一部であり，空欄 (b) の直後でも「そのようにして僧侶たちは目を覚ましていたのです」と言われていることから，空欄 (b) には，ローソク時計の音が鳴る仕組みを説明している選択肢 3「ローソクが溶けて短くなり，そうすると金属の釘が落ちて，音が

鳴りました」が入ります。［正解率78.52％］

　次にインタビュアーは，「時計は神を敬うために発明されたということでしょうか？」という質問をしますが，ガイスラー氏はこの問には直接的には答えていません。その代わりに，「その僧侶は自分がこの発明でもって何を引き起こしたのかを予想できたのであれば，この発明を取り下げたことでしょう」と言っています。そして，こうした主張をする理由として，時計が発明される前は，神が時間の支配者であると人間たちは信じていたが，時計の発明により神から時間が奪われた，ということを述べています。それに続いて出てくるのが空欄（c）です。したがってここには，時計の発明以降に神と人間それぞれにおいて生じた，時間との関係の変化がさらに詳しく述べられている選択肢1「時間はもはや神だけのものではなく，いまや人間たちのものでもあったのです」が入ります。［正解率37.07％］

　そしてこれに続けてガイスラー氏は，時計が人間たちを解放した，という発言をするので，インタビュアーは「どの程度ですか？」と尋ねます。この質問の直接の応答となるのが空欄（d）です。それゆえここには，人間たちがどれだけ神の支配力から解放されるようになったかが具体的に表れている文が入ることになります。また，空欄（d）の後には，「人間たちが自らを自立した個人として見るようになり，神によって操作された何らかの世界の内にある小さなかけらとして見ることはもはやなくなりました」という文が続いているので，空欄（d）はこの文の論拠にもなるような内容でなければいけません。この両方の条件を満たしているのが，選択肢5「人間たちは自分たちの時間を自ら作り上げることができました」であり，これが正解です。時計の発明により，従来は神の支配下にあった時間を，他でもない自分たちで作り上げることが可能になったがゆえに，人間たちは自らを自立したものとしてみなすようになった，という内容のつながりを理解することが大事です。［正解率38.98％］

　ガイスラー氏はそれから，商業都市の商人たちにおいてはその傾向が顕著に見られ，人々が時計を，自分たちの商売を精密に組織化するためのチャンスとみなしたということを述べています。その後に出てくるのが空欄（e）であり，これをはさんで，「これが近代の始まりです」という文が続くため，空欄（e）には，商売と関係した内容で，なおかつ画期的な事態が示されている文が入ります。したがってここには，お金が時間と関係することになったということが述べられている選択肢2「彼らは信仰を時間からいわば遠ざけて，時間を空虚でがらんとしたものにし，お金という新しい内容物でそれを満たしたのです」が入ります。［正解率42.24％］

◇この問題は 20 点満点（配点 4 点×5）で，平均点は 9.85 点でした。

7 解説のまとめ

* 対話文では，質問と答で会話が続いていくので，わからない単語があっても，何が問われているのかを考えることがまず重要です。質問が理解できれば，その答の方向性の見当もつきます。
* 質問の直後ではなく，答の文章の途中が空欄になることもあります。その場合は，その答が全体としてどのような内容であるかしっかりと把握した上で解答しましょう。
* 二つの選択肢のうち，どちらを入れるか迷う場合は，空欄の前後の文をよく読み，内容のつながりをよく考えた上で，より適切であるものを選ぶようにしましょう。

【聞き取り試験】

第1部 やや長い会話文の内容理解

正解 (A) 1 (B) 3 (C) 1 (D) 2

　二人の人物によるやや長めの会話を聞いて要点を押さえることができるかを問う聴解問題です。放送を聞き，設問ごとに「解答の手引き」に記載されている三つの選択肢のうちから適切なものを一つ選び出す形式となっています。
　読み上げられた設問と選択肢は以下のとおりです。

(A) **A:** Ähm … ich brauche neue Wanderschuhe. Größe 44.
　　B: Sehr gerne. Hier drüben haben wir ein paar neue Modelle. Die kann ich Ihnen empfehlen. Damit bekommen Sie keine nassen Füße, wenn es regnet.
　　A: Ja, den Hersteller kennt jeder. Aber die sind mir dann doch etwas zu teuer.
　　B: Es gibt auch noch ein Modell vom letzten Jahr. Die sind auch gut und gerade im Angebot. Ich sehe gleich nach, ob wir noch ein Paar in Ihrer Größe haben.
　　A: Ja, vielen Dank!

　　1 Das neue Schuhmodell ist von einer bekannten Firma.
　　2 Der Preis spielt für den Mann keine Rolle.
　　3 Die Schuhe sind nicht gut bei Regen.

(B) **A:** Bis heute hatten wir so viel Arbeit. Hoffentlich lässt uns unser Chef morgen pünktlich nach Hause gehen.
　　B: Das hoffe ich auch. Hast du etwas vor?
　　A: Na ja, ich fühle mich die ganze Zeit schon so müde. Morgen habe ich einen Termin bei meinem Hausarzt.
　　B: Oje. Das wundert mich aber nicht. Du arbeitest viel zu viel. Du musst dich einfach mal richtig ausruhen.
　　A: Wahrscheinlich hast du recht. Das versuche ich am Wochenende.

1 Die Frau kann sich heute ausruhen.
2 Die Frau möchte heute zum Arzt gehen.
3 Der Mann und die Frau sind Arbeitskollegen.

(C) A: Michael, hast du schon gehört? Walter wird entlassen. Anscheinend hat er keine Lust, jeden Tag zwei Stunden länger zu arbeiten.
B: Was? Das ist aber doch kein Grund, um gleich jemanden zu entlassen.
A: Ja, aber er arbeitet an einem sehr wichtigen Projekt, und da verlangt das der Chef von allen Mitarbeitern.
B: Wirklich? Na, ich hoffe, dass Walter schnell eine neue Stelle findet.
A: Ja, mit seiner Erfahrung sollte das bald klappen.

1 Walter möchte keine Überstunden machen.
2 Alle Mitarbeiter wurden entlassen.
3 Michael findet die Entscheidung des Chefs gut.

(D) A: Am Samstag gibt es ein großes Musikfestival in Waldhofen. Kommst du mit? Es spielen ein paar tolle Rockbands aus der Stadt.
B: Und wo genau? In einer Halle?
A: Nein. Draußen natürlich.
B: Draußen? Aber es soll doch stark regnen am Wochenende.
A: Ach, das bisschen Wasser ist für uns doch kein Problem.
B: Nein, danke. Da bleibe ich lieber zu Hause.

1 Am Festival nehmen Bands aus verschiedenen Ländern teil.
2 Die Frau möchte auch zum Festival gehen, wenn es regnet.
3 Der Mann möchte jetzt kein Wasser.

（**A**）は店での靴選びに関する男性客（**A**）と店員（**B**）のやりとりです。ハイキングシューズを買いに来た客に店員は「こちらに新しいモデルがいくつかございます。こちらをお客様にお勧めできます。こちらの靴ですと雨が降っても足も濡れませんし」と言っているので，靴が雨のときには適さないという内容の選択肢

3は不正解だということがわかります。客はこれに対し，「いいねえ。そのメーカーなら，みんな知っているね」と言うので，選択肢の**1**は正解です。客はこれに続け，「でも，僕にはちょっと高価すぎるかなあ」と言っているので，男性にとって値段は重要ではないとする選択肢**2**は内容に合いません。ちなみに店員の最初のセリフ中の ein paar は「いくつか」，店員の二度目のセリフの ein Paar は「一組の」という意味です。［正解率44.47％］

（**B**）は職場で男性（**A**）と女性（**B**）が翌日の勤務時間について話題にしている場面です。男性が「今日まで僕たちは本当にたくさん働いたね。ボスは明日は定時に帰宅させてくれるといいのだけれど」と言うのに対し，女性が「私もそうあって欲しいと思うわ」と応えます。たくさんの仕事が今日まではあるということになるので，女性が今日すでに休息できることを表す選択肢**1**は内容が合いません。またそれに対する男性のセリフには「明日はかかりつけのお医者さんの予約があるしね」とあります。選択肢**2**は，女性が医者に行きたいことになっているので不正解です。男性と女性が同僚であることを表す選択肢**3**は男性の最初の発言「今日まで僕たちは本当にたくさん働いたね。ボスは明日は定時に帰宅させてくれるといいのだけれど」と内容が合うので，正解となります。［正解率83.13％］

（**C**）は職場の同僚の解雇についての会話です。entlassen（解雇する），Überstunde（残業）が理解の上でのポイントになります。女性（**A**）が，「ミヒャエル，もう聞いている？ ヴァルターがくびになるのよ。見たところ，毎日2時間も残業する気になれないみたいね」と言っています。ここから，ヴァルターは残業をするつもりがないとする選択肢**1**が正解とわかります。また，（ヴァルターも含め）全員が解雇されたとも書かれていないので，すべての従業員が解雇されたことを表す選択肢**2**は不正解です。ミヒャエル（**B**）が次に言う「なんだって？ だけど，それはすぐに誰かをくびにしていいっていう理由にならないよ」という内容からわかるように，ミヒャエルは上司の決定に賛成していません。これは選択肢**3**の内容と逆です。なお，選択肢**2**を選んだ解答が45.74％ありました。**A**の最後のセリフには，sollte という動詞の形が出て来ます。これは接続法II式ですが，過去形として理解した人が多かったのかもしれません。［正解率41.13％］

（**D**）では週末に開かれる音楽フェスティバルが話題になっています。女性（**A**）が「一緒に来る？ 都会のすごいロックバンドが数組演奏するの」と言っていますが，いろいろな国からのバンドが参加するということではないので選択肢**1**は内容に合いません。男性（**B**）が週末は激しい雨になるらしいと言っているにもか

かわらず，女性は「まあ，ちょっとくらい水に濡れるのは問題ないわ」とあくまで野外コンサートに行く姿勢を見せているので，雨が降っても女性はフェスティバルに行きたがっているとする選択肢 **2** は正しそうです。男性は雨の場合は外出したくなさそうですが，選択肢 **3** は「水を飲みたくない」という意味になり，内容と噛み合いません。したがって選択肢 **2** が正解として確定します。［正解率 70.64％］

◇この問題は 16 点満点（配点 4 点×4）で，平均点は 9.58 点でした。

> **第1部 解説のまとめ**
> *（**B**）（**C**）は共に職場における同僚同士の会話です。（**C**）では entlassen（解雇する）や Überstunde（残業）など労働現場に関わる単語が出てきました。2 級では，社会一般の話題が取り上げられることが増えます。日頃から幅広くドイツ語の新聞記事やニュースに触れ，そうした話題で使われる語彙に慣れておきましょう。
> *聞き取り試験の際には，話題となる出来事の前後関係を正しく把握するように注意しましょう。とりわけ接続法 II 式の文は過去形と混同しやすく，誤解の原因になります。特に注意が必要です。

第2部 長いテキストの重要情報の聞き取り

正解 (**A**) 3　(**B**) 1　(**C**) 1　(**D**) 2　(**E**) 1

最初に「解答の手引き」に書かれた質問文を読み，その後にテキスト，質問文，選択肢の順に放送を聞いて解答する形式の聞き取り問題です。テキスト全体の内容を把握し，解答に関わる箇所を的確に聞き取ってすばやく正誤を判断する力が問われます。読み上げられたテキストと質問文および選択肢は，以下の通りです。(**A**)～(**E**) の質問文はあらかじめ「解答の手引き」に印刷されています。CD も聞いてください。

Jaa … guten Tag Herr Wallner! Hier spricht Monica Steiner von Immobilien Steiner und Co. Es geht um Frau Pichlers Haus, das Sie letzte Woche gemeinsam mit mir besichtigt haben. Ich habe gute Nachrichten für Sie: Frau Pichler ist mit Ihrem Preisvorschlag einverstanden! Scheinbar waren Sie ihr sehr sympathisch, weil Sie die Bilder im Haus gelobt haben, und es hat sicher auch geholfen, dass Sie das ganze Geld sofort überweisen könnten. Wie ich von den Nachbarn gehört habe, möchte Frau Pichler eine Weltreise machen und da braucht sie das Geld eher früher als später. Na ja …

Dann ist da noch etwas: Erinnern Sie sich an die schönen Obstbäume neben dem Haus? Das Grundstück, auf dem sie stehen, gehört dem Sohn des Bürgermeisters, und ich habe gerade erfahren, dass er es verkaufen möchte, weil seine Frau und er in die Stadt ziehen. Man kann mit ihm sicher noch über den Preis reden. So viel wird er nicht verlangen, denke ich. Insgesamt sind es dreihundert Quadratmeter. Was halten Sie davon? Wir können es uns nächste Woche gleich einmal ansehen.

Aber zurück zu Frau Pichlers Haus: Wie Sie gesehen haben, sind hier und da noch ein paar Reparaturarbeiten notwendig. Es geht vor allem um das Dach und das Badezimmer im ersten Stock. Unsere Partnerfirma kann gleich damit beginnen, nachdem der Vertrag unterschrieben ist. In einem Monat können Sie dann schon mit Ihrer Familie einziehen. Der Garten wird Ihren Kindern sicher gefallen. Zu dieser Jahreszeit ist er besonders schön. Im Haus fehlen natürlich noch ein paar Möbel, aber die Küche ist schon fertig.

Das Angebot gilt allerdings nur, wenn Sie bis heute Abend um 20.00 Uhr zusagen. Danach wird sich die Besitzerin für einen anderen Käufer entscheiden. Wie Sie wissen, gibt es mehrere Interessenten, die auch bereit sind, etwas mehr zu zahlen. Rufen Sie mich daher bitte so schnell wie möglich zurück. Sie erreichen mich auf meinem Mobiltelefon. Ich gebe Ihnen zur Sicherheit noch einmal meine Nummer: 0151–373–4649. Auf Wiederhören!

質問 (**A**)　Wer möchte ein Haus verkaufen?
  1　Herr Wallner.
  2　Der Bürgermeister.
  3　Frau Pichler.

質問 (**B**)　Was denkt Frau Pichler über Herrn Wallner?
  1　Sie findet ihn sympathisch, weil er ihre Kunstwerke mag.
  2　Sie findet ihn sympathisch, weil er ihr geholfen hat.

   3 Sie findet ihn sympathisch, weil er sich gut mit ihren Nachbarn verstanden hat.

質問 (**C**) Was möchte Frau Steiner nächste Woche machen?
   1 Sie möchte Herrn Wallner ein anderes Grundstück zeigen.
   2 Sie möchte mit Herrn Wallner in die Stadt gehen.
   3 Sie möchte Herrn Wallner Obst verkaufen.

質問 (**D**) Warum kann man nicht sofort in dem Haus wohnen?
   1 Die Partnerfirma kann erst in einem Monat kommen.
   2 Ein Teil des Hauses muss repariert werden.
   3 Man kann die Küche noch nicht verwenden.

質問 (**E**) Was muss Herr Wallner bis 20.00 Uhr machen, wenn er das Haus kaufen will?
   1 Er muss seine Entscheidung mitteilen.
   2 Er muss mehr zahlen.
   3 Er muss Frau Pichler anrufen.

このテキストは，不動産業者がある家の売買に関して買い手の客の留守番電話に残したメッセージ，という設定になっています。
内容：
 え～，こんにちはヴァルナー様！シュタイナー不動産商会のモニカ・シュタイナーでございます。先週ヴァルナー様が私と一緒に見に行かれたピヒラー様の家の件でお電話いたしました。よいお知らせでございます。ピヒラー様はヴァルナー様が提案された価格を承知されました。どうも家の中の絵を褒めてもらったことでヴァルナー様はピヒラー様に好感を持っていただけたようですね。それからヴァルナー様がすぐに全額を振り込むことができるだろうということも，間違いなく効き目がありました。ご近所の方々からうかがったところでは，ピヒラー様は世界旅行を考えていらっしゃるようで，後からではなくむしろ早めの入金をご希望だそうです。まあそういったわけですので…。
 またこれとは別の件になりますが，あの家の横にあるすばらしい果物の木々を覚えていらっしゃいますか？あの木々の立っている土地は市長の息子さんのもので，その息子さんが奥さんと街中に引っ越されるということで，土地の売却をお望みだという話をちょうど耳にしたんです。価格について話し合いをする余地はまだあるはずです。そんなに多くは望まれないと思います。全体で300

平方メートルになります。どう思われますか？ 来週さっそく見てみることもできますが。

　さて，ピヒラー様の家の件に戻りますが，ご覧になったとおり，まだあちこち修繕が必要なところがございます。特に問題なのは屋根と 2 階の浴室です。私どもの提携会社は契約書にサインが入り次第，修繕を始められます。そうすれば 1 ケ月後にはもうご家族とご入居いただけます。お子さま方はきっと庭を気に入られるでしょう。この季節には特に美しいですから。家の中はもちろんまだいくつか家具が足りていませんが，キッチンはすぐに使えます。

　ただしこの件は，ヴァルナー様が今晩 20 時までに承諾の返事をなさらなければ無効となってしまいます。それを過ぎたら持ち主様は，他の買い手の方に決めてしまわれるでしょう。ご存じのように，いくらか多めに払う気もあるという購入希望者が複数いらっしゃいます。ですから，どうぞできるだけ早く折り返しお電話ください。私の携帯電話にご連絡いただけます。念のためもう一度番号をお伝えします：0151–373–4649 です。それでは，お電話お待ちしております！

　では，質問に沿って問題を見ていきます。

　（**A**）は，「誰が家を売りたがっているのか？」という質問です。正解は選択肢 **3** の「ピヒラーさん」です。冒頭，不動産業者が Es geht um Frau Pichlers Haus「ピヒラー様の家の件で…」と言っているので，ピヒラーさんが家の現所有者で，売り主であることがわかります。選択肢 **1** の「ヴァルナーさん」を選んだ解答が 39.86% ありました。ヴァルナーさんは不動産業者が電話をかけた相手であり，テキスト全体にわたって買い手側の話題が続いているので，ピヒラーさんの家の購入希望者であることがわかります。［正解率 48.85％］

　（**B**）は，「ピヒラーさんはヴァルナーさんについてどう思っているか？」という質問です。正解は選択肢 **1** の「彼が彼女の芸術作品を気に入ったことで，彼女は彼のことを好ましく思っている」です。テキストにはヴァルナーさんがピヒラーさんの家にある絵（Bilder）を褒めた（gelobt haben）とあります。選択肢 **1** の Kunstwerke（芸術作品）はこの絵のことを，mag（不定詞は mögen）は褒めたことを指しています。選択肢 **2** の「彼が彼女を助けたことで，彼女は彼のことを好ましく思っている」を選んだ解答が 42.88％，選択肢 **3** の「彼が彼女の隣人たちとよくわかり合ったことで，彼女は彼のことを好ましく思っている」を選んだ解答が 39.94％ ありました。テキストには geholfen, Nachbarn という語があるの

でそれに影響されたと考えられますが，geholfen は「効き目があった」ということを表すために使われています。また，ピヒラーさんの隣人と関わったのはヴァルナーさんでなくシュタイナーさんです。［正解率17.02％］

　(**C**) は，「シュタイナーさんは来週何をしたいと思っているか？」という質問です。不動産業者のシュタイナーさんは話の途中，売買の対象となっている家とは別に隣の土地にも言及し，購入の検討を勧めています。そして「来週さっそく見てみることもできます」と話しているので，正解は選択肢 **1** の「彼女はヴァルナーさんに別の土地を案内したいと思っている」です。選択肢 **2** の「彼女はヴァルナーさんと街へ行きたいと思っている」を選んだ解答が 29.44％ ありました。Stadt は隣の土地の現所有者の引っ越し先として言及されていますが，シュタイナーさんとヴァルナーさんの訪問先ではありません。［正解率44.71％］

　(**D**) は，「どうしてすぐにその家に住むことができないのか？」という質問です。正解は選択肢 **2** の「家の一部が修繕されなければならない」です。選択肢 **1** の「提携会社が来られるのは 1 ケ月経ってからだ」を選んだ解答が 42.00％ ありました。「1 ケ月後」は家に入居可能となる時期で，提携会社が修繕を始められる時期ではありません。テキストでは，家には修繕が必要な箇所があるものの，提携会社が契約締結後すぐに修繕を始められ，1 ケ月後にはヴァルナーさん一家は入居できるとあります。したがって，選択肢 **2** がテキストの内容に合致します。［正解率40.25％］

　(**E**) は，「その家を買うつもりならば，ヴァルナーさんは 20 時までに何をしなければならないか？」という質問です。不動産業者のシュタイナーさんは，この契約の件はヴァルナーさんが今晩 20 時までに承諾の返事をした場合にのみ有効であると告げています。したがって，正解は選択肢 **1** の「彼は（購入すると）決めたことを知らせなければならない」です。選択肢 **3** の「彼はピヒラーさんに電話をかけなければならない」を選んだ解答が 49.88％ ありました。ヴァルナーさんは購入の意志を伝えなければなりませんが，折り返し電話をして決定を知らせる相手はピヒラーさんではなくシュタイナーさんです。したがって，選択肢 **3** は不正解です。［正解率31.74％］

◇この問題は 20 点満点（配点 4 点×5）で，平均点は 7.31 点でした。

第2部 解説のまとめ

*留守番電話のメッセージであることは,「解答の手引き」に書かれています。それを念頭に置いて,誰が誰に対して話しているのか,何について話しているのかをしっかり聞き取り,全体の流れを掴みましょう。質問文もあらかじめ読むことができるので,テーマやおおよその内容,登場人物名などのキーワードを知ることができます。
*解答にあたっては,質問文および解答した選択肢の内容がイメージした全体の流れと矛盾しないかどうかに注意を払うことが重要です。

準1級 (Oberstufe)
検定基準

- ■ドイツ語圏の国々における生活に対応できる標準的なドイツ語を十分に身につけている。

- ■新聞などの比較的複雑な記事や論述文などを読むことができる。
  自分の体験などについて詳しく話し，社会的・実用的なテーマについて口頭で自分の考えを述べることができる。
  比較的長い文章の要点を聞き取り，短いドイツ語の文章を正しく書くことができる。

- ■対象は，ドイツ語の授業を数年以上にわたって継続的に受講し，各自の活動領域においてドイツ語に習熟しているか，これと同じ程度の能力のある人。

2017年度 冬期 ドイツ語技能検定試験
準1級

筆記試験　問題

（試験時間　90分）

出題は新しい正書法（単語のつづり方などに関する規則）に従います。解答は新旧いずれの方式でも認めます。

―――― 注　　意 ――――

■受験票と机の上の受験番号が同じであることを確認してください。
■携帯電話，スマートフォン，スマートウォッチ等の電子機器類は電源を切り，カバン等にしまってください。机の上に置いてはいけません。
■中途退場は認めません。退場は試験放棄となります。

①問題冊子は試験開始の合図があるまで，開いてはいけません。
②問題冊子は表紙・裏表紙を含めて12ページあります。
　余白は下書き・メモ用に使ってかまいません。
③試験監督者の指示に従って，解答用紙の所定の欄に，受験番号・氏名を記入してください。
④解答は黒のHBの鉛筆で強めに記入してください。
　書き直す場合には，消しゴムできれいに消してから記入してください。
⑤**解答はすべて解答用紙の指定された箇所に記入してください。**
⑥記入する数字は，下記の見本に従って書いてください。

■試験が終わっても，指示があるまで席を立たないでください。
■解答用紙は持ち帰ってはいけません。
■この問題冊子の無断転載，無断複製を禁じます。

1

次の (1)〜(5) の **a** と **b** の文はそれぞれほぼ同じ意味になります。空欄の中に入れるのに最も適切なものを，下の **1**〜**4** のうちから一つ選び，その番号を解答欄に記入しなさい。

(1)   **a**   Können wir darüber ganz kurz alleine sprechen?
        b   Können wir darüber ganz kurz (　　) vier Augen sprechen?

        1   außer
        2   mit
        3   ohne
        4   unter

(2)   **a**   Ich hoffe, dass du bei dieser Prüfung Glück hast.
        b   Ich drücke dir für diese Prüfung (　　).

        1   die Daumen
        2   den Gaumen
        3   die Hand
        4   den Rücken

(3)   **a**   Unsere Nachrichten bieten Ihnen die aktuellsten Informationen.
        b   Unsere Nachrichten halten Sie auf dem (　　).

        1   Fließband
        2   Fließenden
        3   Laufband
        4   Laufenden

(4)   **a**   Die stolze Königstochter ist zu allen Freiern abweisend.
        b   Die stolze Königstochter zeigt allen Freiern die (　　) Schulter.

        1   halbe
        2   harte
        3   kalte
        4   steife

(5)   **a**   Der Student stellt mir immer wieder Fragen.
        b   Der Student (　　) mich immer mit Fragen.

        1   locht
        2   löchert
        3   räuchert
        4   speichert

2

次の (1) ～ (5) の **a** と **b** の文がほぼ同じ意味になるように，下線部の名詞と関係のある語を適切な形で（　）内に入れて，**b** の文を完成させなさい。解答は解答欄に記入しなさい。

(1) **a** Der Bürgermeister hatte keine <u>Einwände</u> gegen den Bau der Autobahn.
 b Der Bürgermeister hat nichts gegen den Bau der Autobahn (　　).

(2) **a** Das Rauchverbot im öffentlichen Raum hat allgemeine <u>Gültigkeit</u>.
 b Das Rauchverbot im öffentlichen Raum (　　) allgemein.

(3) **a** Thomas brachte Mia mit seinen Fragen über ihre Eltern in <u>Verlegenheit</u>.
 b Mia wurde durch die Fragen von Thomas über ihre Eltern (　　).

(4) **a** Nach dem <u>Zusammenbruch</u> der Sowjetunion schien die Globalisierung unaufhaltsam zu sein.
 b Nachdem die Sowjetunion (　　) war, schien die Globalisierung unaufhaltsam zu sein.

(5) **a** Junge Menschen zeigen immer mehr die <u>Tendenz</u>, ihre Partner im Internet zu suchen.
 b Junge Menschen (　　) immer mehr dazu, ihre Partner im Internet zu suchen.

3

次の (1) ～ (4) の文を完成させるには，（　）内に **a** ～ **c** の語句をどのような順で補えばよいですか。最も適切なものを下に示した **1** ～ **6** のうちから一つずつ選び，その番号を解答欄に記入しなさい。同じ番号を複数回使用してもかまいません。

(1) Es mag ja (　) (　) (　) gestecktes Ziel sein, dass sich die Autoindustrie vorgenommen hat, die Zahl der Verkehrsunfälle auf null zu senken.
 a ein　　**b** hoch　　**c** zu

(2) Die Vorstellung, sich einfach Urlaub (　) (　) (　), geht an den Bedingungen des Geschäftslebens vorbei.
 a können　　**b** zu　　**c** nehmen

(3) Bei plötzlichen Überschwemmungen sind in der Stadt mehr als 250 Menschen (　) (　) (　).
 a ums　　**b** Leben　　**c** gekommen

(4) Wir (　) (　) (　) wie Homo Faber, Max Frischs trauriger Romanheld, der nichts wissen wollte außer Zahlen und Wahrscheinlichkeiten.
 a müssen　　**b** nicht　　**c** werden

1 a – b – c　　　　**2** a – c – b　　　　**3** b – a – c
4 b – c – a　　　　**5** c – a – b　　　　**6** c – b – a

4 次の文章を読んで (1) と (2) の問いに答えなさい。

Zwölf lange Jahre hatten die Forscher gewartet. Dann schauten sie, wie es ihren 3.635 Studienteilnehmern ergangen war. Diese waren (　a　) Beginn der Studie fünfzig Jahre oder älter gewesen, nun wollten die Wissenschaftler der Yale University wissen: Wer lebt noch, wer ist tot? Und wie verteilen sich die Lebenden und die Gestorbenen auf die drei Gruppen, die das Forscherteam anfangs gebildet hatte: erstens Menschen, die keine Bücher lesen; zweitens Leser, die sich bis zu dreieinhalb Stunden pro Woche in ihre Bücher vertiefen; und drittens Vielleser, die noch mehr schmökern?

Die Antwort war so schnell da, dass die Forscher sie sicherheitshalber in einen Korrekturlauf gaben. Er berücksichtigte den Faktor, dass Buchleser häufig Frauen sind, eher gebildet und gut verdienend. Denn alles drei wirkt (　b　) schon positiv auf die Lebenserwartung. Diesen Umstand bezogen die Forscher in ihre Auswertung ein und rechneten noch weitere Störquellen heraus: Alter, Arbeits- und Beziehungsstatus, ursprünglichen Gesundheitszustand. Im vergangenen Jahr stand das Ergebnis endgültig fest: Die Bücherliebhaber lebten länger als die Nichtleser. Im (　c　) sogar um fast zwei Jahre. Insbesondere die Vielleser schienen zu profitieren. Doch auch schon eine halbe Stunde Lesen am Tag erhöhte die Überlebenschance signifikant. Woher eine solche Schutzwirkung der Literatur rühren könnte, vermag das Forscherteam noch nicht zu sagen. Ungeklärt ist auch, ob Romane oder Sachbücher besser geeignet sind, die Lebensgeister zu erhalten. Dieses Kapitel muss also noch geschrieben werden.

Intuitiv wissen wir aber schon längst um die Heilkraft der Bücher: Liegen Kinder krank im Bett, lesen ihre Eltern ihnen Geschichten vor, damit sie schneller wieder gesund werden. Liegen Soldaten krank im Wüstenlazarett, liest ihnen die Krankenschwester etwas vor – so wie es dem englischen Patienten im gleichnamigen Buch ergeht: „Er hört ihr zu, schluckt ihre Worte wie Wasser", heißt es darin.

Die Literatur selbst weiß, wie heilsam sie ist. Der französische Philosoph und Lyriker Paul Valéry berichtet in seinen Tagebüchern von einem Kranken, der während seiner Operation immer wieder Gedichte aufsagte, um seine Schmerzen zu lindern. Ein gutes Buch kann helfen, mit einer schlimmen Diagnose zu leben, es lindert die Angst vor dem Alter, stemmt sich gegen Depressionen, es kann „die Axt sein für das gefrorene Meer in uns", wie Franz Kafka feststellte. Warum Literatur besänftigend auf die Seele wirkt, (　d　) Erich Kästner: „Es tut wohl, den eignen Kummer von einem anderen Menschen formulieren zu lassen". Formulierung ist heilsam.

(1) 文中の空欄（ a ）〜（ d ）に入れるのに適切な語を下の 1 〜 4 のうちから一つ選び，その番号を解答欄に記入しなさい。

(a) 1 an   2 auf   3 mit   4 zu
(b) 1 abermals 2 ohnehin   3 unbedingt 4 wiederum
(c) 1 Schacht   2 Schein   3 Schnitt   4 Schritt
(d) 1 rät   2 berät   3 gerät   4 verrät

(2) 本文の内容に合致するものを下の 1 〜 6 のうちから三つ選び，その番号を解答欄に記入しなさい。ただし，番号の順序は問いません。

1　Die Studienteilnehmer wurden von drei Forscherteams untersucht.

2　Bei der Überprüfung der ersten Ergebnisse zogen die Forscher Geschlecht, Bildung und Einkommen der Studienteilnehmer in Betracht.

3　Die Forscher wollten durch diese Untersuchung zeigen, dass Alter, Arbeits- und Beziehungsstatus und ursprünglicher Gesundheitszustand die Lebenskraft beeinflussen.

4　Die Wissenschaftler stellten im vergangenen Jahr endlich die genauen Gründe für die Schutzwirkung von Büchern fest.

5　Es ist noch nicht genug erörtert, welches Genre der Literatur positiv auf die Lebenserwartung wirkt.

6　Einige Schriftsteller reden über die Heilkraft der Literatur.

5 次の文章を読み，表を参照して，(1) ～ (3) の問いに答えなさい。

Die Kinder schauen am Wochenende mehr fern als an Wochentagen: Während unter der Woche nur 8% mehr als drei Stunden täglich vor dem TV-Bildschirm verbringen, sind es am Wochenende 29%. Unter der Woche schauen hingegen 41% gar nicht oder maximal 30 Minuten pro Tag, an Samstagen und Sonntagen sind es aber nur (i), die das Medium so wenig nutzen. Auffällig ist dabei, dass 43% der Kinder von alleinerziehenden Eltern am Wochenende mehr als drei Stunden fernsehen und nur 27% der Kinder von Eltern in Paarfamilien.

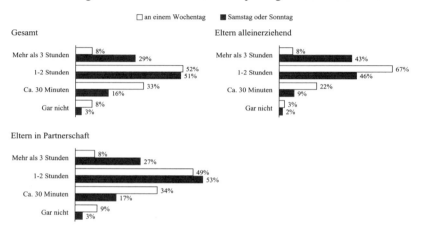

Die durchschnittliche tägliche Nutzungsdauer sowohl von Fernsehen und Video als auch des Computers verlängert sich mit zunehmendem Alter der Kinder. Das gilt für Werktage ebenso wie für Wochenenden. So schauen beispielsweise nur 11% der 4- bis 6-Jährigen am Wochenende mehr als drei Stunden fern, während es bei den 7- bis 9-Jährigen schon 25% sind, bei den 10- bis 12-Jährigen 39%, und bei den 13- bis 14-Jährigen 59%.

Insbesondere bei der TV-Nutzung gibt es einen klaren Bildungszusammenhang: Vor allem die Kinder bildungsschwächerer Eltern schauen (A) fern. Während jedes (ii) Kind aus bildungsbenachteiligten Elternhäusern mehr als drei Stunden pro Wochentag fernsieht, ist es bei bildungsnahen Eltern nur jedes 25. Kind. 39% der Kinder von Eltern mit hoher Bildung schauen an einem Wochentag nur ca. 30 Minuten fern. Bei Kindern von bildungsfernen Eltern liegt der Anteil der Wenignutzer um (B) die Hälfte niedriger (18%). Am Wochenende schaut sogar jedes zweite Kind von Eltern mit niedriger Bildung mehr als drei Stunden fern im Vergleich zu nur einem Viertel bei Eltern mit hoher Formalbildung.

Wie lange sieht Ihr Kind durchschnittlich pro Tag Fernsehen oder Video?

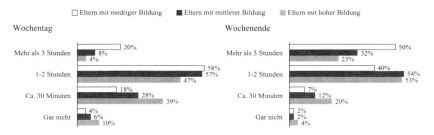

Nicht nur die Fernseh-, sondern auch die Computernutzung der Kinder ist am Wochenende deutlich höher als an Wochentagen. Auch hier sind bildungsferne Eltern etwas permissiver. Sowohl am Wochenende als auch unter der Woche ist in dieser Gruppe der Anteil von Kindern, die täglich mindestens eine Stunde den Computer nutzen, etwas höher als bei Eltern mit hohem formalen Bildungsniveau (an Wochentagen: 27% vs. 20%, an Wochenenden: (iii)).

Wie lange nutzt Ihr Kind täglich den Computer?

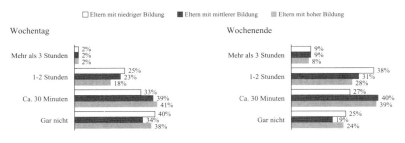

Analog zur TV-Nutzung zeigt sich, dass Kinder alleinerziehender Eltern sich länger mit dem Computer beschäftigen als Kinder aus Paarfamilien (an Wochentagen: 32% vs. 22%, an Wochenenden: 49% vs. 38% – jeweils eine Stunde und mehr). Diese Differenzen legen zum einen die Vermutung nahe, dass alleinerziehende Eltern einen permissiveren Erziehungsstil im Hinblick auf die Mediennutzung ihrer Kinder haben. Diese These wird von dem Befund gestützt, dass Alleinerziehende den TV-Konsum ihrer Kinder signifikant (C) stark reglementieren als Eltern in Paarbeziehungen. Der Unterschied lässt sich zum anderen aber auch damit begründen, dass in Haushalten mit beiden Elternteilen mehr Zeit bleibt, um sich mit den Kindern zu beschäftigen, während Alleinerziehende gerade an den Wochenenden mit Erledigungen für den Haushalt voll beschäftigt sind.

(1) 空欄（ i ）～（ iii ）に入るものとして適切なものを 1 ～ 4 のうちから一つ選び，その番号を解答欄に記入しなさい。

(i)　1　3%　　　　2　16%　　　　3　19%　　　　4　29%
(ii)　1　zweite　　2　fünfte　　　3　zehnte　　　4　zwanzigste
(iii)　1　33% vs. 41%　2　38% vs. 28%　3　47% vs. 36%　4　91% vs. 92%

(2) 空欄（ A ），（ B ），（ C ）に入るものとして適切な組み合わせを 1 ～ 4 のうちから一つ選び，その番号を解答欄に記入しなさい。

1　(A) immer　　　(B) für　　　　(C) kaum
2　(A) lange　　　(B) an mehr　　(C) sehr
3　(A) ständig　　(B) unter　　　(C) nicht
4　(A) viel　　　　(B) über　　　(C) weniger

(3) 本文および図表の内容に関して正しく説明しているものを次の 1 ～ 5 のうちから二つ選び，その番号を解答欄に記入しなさい。ただし，番号の順序は問いません。

1　Die Kinder sehen am Wochenende insgesamt fünfmal mehr fern als an Wochentagen.
2　Bei den Kindern, die mit beiden Elternteilen aufwachsen, ist der Fernsehkonsum weit stärker ausgeprägt als bei den Kindern mit einem Elternteil.
3　Bei den Eltern, die keine hohe Bildung haben, ist die Bereitschaft tendenziell groß, ihre Kinder lange fernsehen zu lassen.
4　Im Umgang der Kinder mit dem Computer ist das gleiche Verhaltensmuster wie im Umgang mit dem Fernseher zu erkennen.
5　Berufstätige Eltern haben mit hoher Wahrscheinlichkeit zu wenig Zeit, um sich am Wochenende um ihre Kinder zu kümmern.

6 次のインタビュー記事を読んで，空欄（ a ）～（ f ）に入れるのに最も適切なものを，右ページの 1 ～ 6 のうちから選び，その番号を解答欄に記入しなさい。

Ein Gespräch mit dem deutschen Meteorologen Andreas Friedrich

Interviewer:　Herr Friedrich, über Grönland hat sich ein gigantisches Tief zusammengebraut. Eckard sein Name. Es saugt warme Luft in Richtung Nordpol. Dort soll es nach Medienberichten in den kommenden Tagen bis zu 50 Grad Celsius heißer werden als um diese Jahreszeit üblich. Stimmt das?
Friedrich:　(**a**)
Interviewer:　Was ist so extrem daran?
Friedrich:　(**b**)
Interviewer:　Sieben Grad ist für uns kühl – aber am Nordpol bedeutet das schon eine Art Hitzewelle. Ist das ein Problem?

Friedrich: (**c**)
Interviewer: Orkane im Winter? Wäre das nicht ohnehin ungewöhnlich?
Friedrich: (**d**)
Interviewer: Ist der Klimawandel schuld an der aktuellen Wärme über dem Nordpol?
Friedrich: (**e**)
Interviewer: Trotzdem war 2015 ein Rekordjahr, was das Wetter angeht.
Friedrich: (**f**)

1 Das Extremtief hat mit dem Klimawandel direkt nichts zu tun. Denn der läuft schleichend über sehr lange Zeiträume ab. Tief Eckard ist zufällig entstanden. Eine Laune der Atmosphäre. Solche Sturmtiefs bilden sich ja, wenn Luftmassen von sehr unterschiedlicher Temperatur aufeinandertreffen. Nach heutigem Stand der Klimamodelle werden sie aber nicht häufiger, wenn sich die Erde im Durchschnitt erwärmt. Sie können höchstens mal heftiger ausfallen.

2 Nur für die Schifffahrt. Die See ist gerade rau mit starkem Wellengang. Besiedelte Gebiete in Europa müssen wegen der Tiefausläufer aber jetzt nicht mit Orkanen rechnen. Vorher wird sich Eckard abschwächen. Der Höhepunkt war heute, am Mittwoch, erreicht.

3 Es war global betrachtet das wärmste Jahr seit Beginn der Aufzeichnungen. Und das steht durchaus mit dem Klimawandel in Zusammenhang. In Deutschland haben wir im November und Dezember ebenfalls Rekordmonate erlebt. Trotzdem bleibt 2014 das bisher wärmste gemessene Jahr. 2015 liegt noch leicht darunter.

4 Die 50 Grad halte ich für übertrieben. Heute Morgen waren es auf Spitzbergen 7°C. Normal wären minus 25°C. Also kann man schon sagen, dass es am Nordpol gerade gut 30 Grad wärmer ist als sonst im Dezember. Eckard ist das extremste Tiefdruckgebiet, das es in den letzten zehn Jahren gegeben hat.

5 Es hat einen Kernluftdruck von 950 Hektopascal – und das ist wirklich sehr niedrig. Derzeit schaufelt das Tief an seiner Ostseite kalte Luft nach Island, wo es deshalb eisig wird mit Schneestürmen und Minusgraden. Gleichzeitig befördert das Tiefdruckgebiet warme Kanaren-Luftmassen in Richtung Nordpol, wodurch es dort so ungewöhnlich warm ist. Wie alle Tiefs dreht Eckard sich dabei gegen den Uhrzeigersinn.

6 Ja, das kommt selten vor, ist aber möglich. Auch Tornados – die kleinen Verwandten der tropischen Hurrikane – kann es in Deutschland vereinzelt im Winter geben. Solche Wirbelstürme entstehen, wenn kalte Luft auf warme Luftmassen in Bodennähe trifft. In der Silvesternacht dürfte es Blitzeis geben. Entscheidend ist dabei der große Temperaturunterschied.

7 次の文章を読んで内容に合うものを右ページの 1 ～ 8 のうちから四つ選び，その番号を解答欄に記入しなさい。ただし，番号の順序は問いません。

Wissenschaftlern des kalifornischen Salk Institute ist es zum ersten Mal gelungen, einen Embryo mit menschlichen und tierischen Zellen zu erschaffen. Die Forscher hoffen dadurch dem Vorhaben, gezielt menschliche Ersatzorgane zu züchten, ein Stück näher gekommen zu sein.

Werden künftig grunzende Babys in Kinderbettchen liegen? Natürlich nicht. Das Mischlebewesen aus Mensch und Schwein, das ein Team rund um den Forscher Izpisua Belmonte am Salk Institute for Biological Studies im kalifornischen La Jolla erschaffen haben, ist lediglich ein Embryo, der in die Gebärmutter einer Sau eingepflanzt wurde und sich dort vier Wochen entwickelte.

2.500 solcher sogenannten „Hybride" oder „Chimären", wie Wesen mit den Genen unterschiedlicher Spezies genannt werden, wurden im Labor erzeugt, wie die Wissenschaftler im Fachmagazin „Cell" berichteten. Allerdings entwickelte sich nur ein kleiner Teil dieser Embryonen normal. Dennoch haben die Forscher bewiesen, was Ausgangsfrage ihres Versuchs war: Ob es möglich ist, menschliche Stammzellen in tierischen Embryos heranreifen zu lassen.

Doch warum ist die Frage überhaupt so spannend? Ganz einfach: Weil die Wissenschaft auf der Suche nach einer Methode ist, menschliches Gewebe und Organe gezielt im Labor zu erzeugen. Möglich ist das prinzipiell, weil Stammzellen sich generell in ganz verschiedene Zellarten weiterentwickeln können. In der Petrischale hat diese gezielte Spezialisierung von Stammzellen allerdings bislang nicht gut geklappt.

Die kalifornischen Forscher hatten deshalb die Idee, Stammzellen das Wachstum in natürlicher Umgebung, im Falle ihres Experiments eben im Uterus* eines Schweins, zu ermöglichen. Inwieweit sich die Ausgangszellen dabei allerdings auch in das gewünschte Gewebe oder Organ weiterentwickeln können oder sich gar mit denen des austragenden Wirts vermischen, ist laut den Forschern noch nicht klar.

Geklappt hat das bislang allerdings schon in ähnlichen Versuchen mit Mäusen und Ratten, also artverwandten Tieren. So wuchs in einer Maus die Gallenblase einer Ratte – und das, obwohl Mäuse dieses Organ im Laufe der Evolution längst verloren haben.

Allerdings rufen Experimente auf diesem Gebiet der Forschung schon seit längerem Kritiker auf den Plan. Sie befürchten ethische Auswirkungen, beispielsweise bei der Frage im Umgang mit solchen Mischwesen, wenn sie stark menschliche Züge annähmen oder sich menschliche Nervenzellen am Aufbau des Schweinegehirns beteiligten.

Das staatliche Forschungsinstitut der USA hat deshalb bereits 2015 jegliche Förderung auf diesem Gebiet nahezu ersatzlos gestrichen.

*Uterus: 子宮

1 Dank der neuesten Forschung kann man aus einer Schweinezelle einen menschlichen Körperteil herstellen.

2 Ein Embryo aus Mensch und Schwein wird einfach ein menschliches Baby.

3 Die Wissenschaftler wollten eigentlich nur neue Tierarten mit den Genen unterschiedlicher Spezies produzieren.

4 Die Forscher haben schon erfolgreich menschliches Gewebe und Organe im Labor erzeugt.

5 Das Ziel der Forscher war, Stammzellen nicht nur im Labor heranwachsen zu lassen.

6 Das Organ einer Ratte kann mit Hilfe von Stammzellen in artverwandten Tieren wie Mäusen wachsen.

7 Man übt schon lange wegen der moralischen Fragen viel Kritik an den Experimenten der Forschung.

8 Die Forschung auf diesem Gebiet fördert das staatliche Forschungsinstitut der USA fast gar nicht mehr.

準1級　2017年度 冬期 ドイツ語技能検定試験

筆記試験 解答用紙

2017年度 冬期 ドイツ語技能検定試験
準1級
聞き取り試験　解答の手引き
（試験時間　約35分）

出題は新しい正書法（単語のつづり方などに関する規則）に従います。

────── 注　　意 ──────

■受験票と机の上の受験番号が同じであることを確認してください。
■携帯電話，スマートフォン，スマートウォッチ等の電子機器類は電源を切り，カバン等にしまってください。机の上に置いてはいけません。
■中途退場は認めません。

①指示があるまでページを開いてはいけません。
②聞き取り試験は2部から成り立っています。
③試験監督者の指示に従って，解答用紙の所定の欄に，受験番号・氏名を記入してください。
④放送の指示でページを開き，解答のしかたをよく読んでください。解答のしかたと選択肢などが，2～3ページに示されています。
⑤解答は黒のHBの鉛筆で強めに記入してください。
　書き直す場合には，消しゴムできれいに消してから記入してください。
⑥**解答はすべて試験時間内に解答用紙の指定された箇所に記入してください。**
⑦記入する数字は，下記の見本に従って書いてください。

■試験が終わっても，指示があるまで席を立たないでください。
■解答用紙は持ち帰ってはいけません。
■この問題冊子の無断転載，無断複製を禁じます。

―――――――――― 第 1 部　Erster Teil ――――――――――

1. 第 1 部の問題は質問（**A**）から（**D**）まであります。
2. 最初にテキストを聞いてください。
3. 次にテキストの内容に関する質問（**A**）を 1 回，それに対する解答の選択肢四つを 2 回読み上げます。最もふさわしいものを一つ選び，その番号を解答用紙の所定の欄に記入してください。以下，同じように質問（**B**）から（**D**）まで進みます。
4. 30 秒後にテキストとそれに関する質問および解答の選択肢をもう 1 回読み上げます。
5. メモは自由にとってかまいません。
6. 第 2 部が始まるまで 30 秒の空き時間があります。

（**A**）　Was meinen die Unfallforscher?

　　　　1
　　　　2
　　　　3
　　　　4

（**B**）　Wie hoch ist der Anteil der blauen Taxis in dem untersuchten singapurischen Unternehmen?

　　　　1
　　　　2
　　　　3
　　　　4

（**C**）　Zu welchem Ergebnis sind die Forscher aus Singapur gekommen?

　　　　1
　　　　2
　　　　3
　　　　4

（**D**）　Warum sind die deutschen Forscher skeptisch, dass die Autofarbe die Unfallhäufigkeit beeinflusst?

　　　　1
　　　　2
　　　　3
　　　　4

第 2 部　Zweiter Teil

1. 第2部の問題は選択肢が **1** から **9** まであります。選択肢に目を通してください。そのための時間は3分間です。
2. 次に，インタビューを聞いてください。
3. 1分後に同じものをもう1回聞いてください。
4. インタビューの内容に合うものを，選択肢 **1** ～ **9** のうちから四つ選び，その番号を解答用紙の所定の欄に記入してください。ただし，番号の順序は問いません。
5. メモは自由にとってかまいません。
6. 2回目の放送のあと，1分後に試験終了のアナウンスがあります。試験監督者が解答用紙を集め終わるまで席を離れないでください。

1 Es gibt ein neues Hörbuch, in dem Prof. Spitzer Kritik an Smartphones übt.

2 Schon vor einigen Jahren waren Jugendliche immer mit dem Internet verbunden.

3 Durch das Smartphone wird unser Leben reicher, aber gleichzeitig werden wir auch unglücklich.

4 In Südkorea spielen Kinder jeden Tag eine Stunde lang mit ihren Smartphones.

5 Spitzer sieht auch in Deutschland die Tendenz, dass Kinder immer schlechter sehen.

6 Smartphones sind zwar schädlich für die Augen, aber nicht schädlich für die kognitive und soziale Entwicklung von Kindern.

7 Forscher untersuchten in den USA den Zusammenhang zwischen Lernprozess und Smartphone-Nutzung.

8 Angesichts wissenschaftlicher Studien ist zu erkennen, dass ein enger Zusammenhang zwischen Schulleistungen und Smartphone-Nutzung besteht.

9 Spitzer ist sicher, dass viele Leute schon an die Risiken und Nebenwirkungen von Smartphones glauben.

準1級 2017年度 冬期 ドイツ語技能検定試験
聞き取り試験 解答用紙

受験番号: 17W□□□□　氏名:

【第1部】
(A) □　(B) □　(C) □　(D) □

【第2部】
□ □ □ □

2017年度「独検」二次試験

(2018年1月28日実施)

準1級の受験者へ
Oberstufe

1) 口述試験は，一人ずつ個別に行われます。

2) 控室に掲示してある「試験室別・面接順の受験者一覧」で，
   自分が「どの試験室の何番目」かを確認してください。
   ◆控え室入室後の携帯電話の電源はお切りください。
   ◆控え室入室後から試験終了まで，あらゆるモバイル（＝通信可能な機器）の
     使用は不正行為とみなします。

3) 係員が試験室へ案内するまで控え室で待機してください。

4) 試験室の中からの「次の方どうぞ」という指示で入室してください。
   ◆前の受験者が出て来ても，指示があるまで入室してはいけません。

5) 試問はドイツ語の会話形式で行われます。
   途中，写真素材を用いた質疑応答を含みます。

6) 一人当たりの試験時間は，約8分です。

7) 試験終了後は，控室に戻ることはできません。
   ◆手回り品はつねに持ち歩くようにしてください。

【注意】
合格証書や合格証明書に印字される氏名の漢字・ローマ字表記は，二次試験案内に記載
されたものと同じになります。
住所変更も含めて訂正のある方は，至急直接独検事務局に連絡してください。

結果は2月中旬頃発送の予定です。
成績についての問い合わせにはお答えできません。

上の3枚の写真は本試験ではカラー写真で示されました。
写真は http://www.dokken.or.jp/answer/fotos_2017.pdf で確認できます。

冬期《準1級》 ヒントと正解

【筆記試験】

1 語彙・慣用表現

正解 (1) **4** (2) **1** (3) **4** (4) **3** (5) **2**

文中の一部の語句を他の表現に置き換える際に，適切な語彙を選択する問題です。慣用表現の知識だけでなく，文構造を正しく把握しているかも問われます。

(1)「それについてちょっと二人だけで話せますか」という意味です。**a** の alleine を，vier Augen を伴う表現に書き替える問題で，空欄に合う前置詞を選びます。正解は選択肢 **4** の unter です。unter vier Augen は「二人だけで（内密に）」という意味で，他の人に聞かれたくない話をする時の表現で，テレビドラマなどでもよく使われています。［正解率 51.39％］

(2)「(きみの) テストでの幸運を望みます」という意味です。正解は選択肢 **1** の Daumen です。この語は「親指」を意味しますが，jm die Daumen (den Daumen) drücken という表現で「～の成功を念じる」という意味になります。選択肢 **3** の die Hand を使うと jm die Hand drücken (～の手を握る，～と握手する) という表現ができますが，**a** の文とは異なる意味になるので不正解です。選択肢 **2** の Gaumen は「口蓋，上あご」，選択肢 **4** の Rücken は「背中」ですが，この二つも不正解になります。ちなみに，日本語には決断を促すという意味で，「背中を押す」という表現がありますが，これにあたるドイツ語の表現は jm den Rücken stärken で，drücken は使われません。［正解率 66.62％］

(3)「私たちのニュースは，あなたに最新の情報を提供します」という意味です。正解は選択肢 **4** の Laufenden です。jn auf dem Laufenden halten は「～に絶えず (新しい) 情報を与える」という意味です。Laufenden は動詞 laufen の現在分詞 laufend を名詞化したものですが，laufend は「最新の」を表すことがあります。例えば，die laufende Nummer は雑誌などの「最新号」の意味になります。選択肢 **1** の Fließband と選択肢 **3** の Laufband はどちらも「ベルトコンベヤー」です。選択肢 **2** の Fließenden は動詞 fließen (流れる) の現在分詞

fließend を名詞化したものです。これらはどれも **a** の文と同じ意味の文を作るために用いることができません。ちなみに，Laufband は「ランニングマシン」の意味でも使われます。選択肢 **3** を選んだ解答が 32.06％ ありました。［正解率 35.29％］

（**4**）「気位の高いお姫さまは，求婚者をみな冷たくあしらう」という意味です。正解は選択肢 **3** の kalte です。jm die kalte Schulter zeigen は「～に冷淡な態度を示す，～を冷たくあしらう」という意味の表現です。hart（厳しい，冷酷な）からの連想でしょうか，選択肢 **2** を選んだ解答が 38.51％ ありました。**a** の文の abweisend は「不愛想な，とりつくしまのない」という意味で，分離動詞 abweisen（追い返す）の現在分詞にあたります。グリム童話の König Drosselbart（つぐみ髭の王さま）の美しい姫も Sie wies einen nach dem anderen ab. と「（求婚者を）次から次へとそでに」しています。［正解率 24.60％］

（**5**）「その学生は，私に何度も質問をする」という意味です。正解は選択肢 **2** の löchert（根掘り葉掘り質問する）です。選択肢 **1** の locht は「穴を開ける」の意味です。選択肢 **3** と選択肢 **4** を選んだ解答がそれぞれ 25.33％ と 25.62％ ありましたが，選択肢 **3** の räuchert は「いぶす，燻製にする」という意味になります。動詞 räuchern は Räucherlachs（スモークサーモン）などの単語にも含まれています。選択肢 **4** の speichert は「貯蔵する」という意味ですが，パソコンでデータを「記憶媒体に入れる」という意味でもよく使います。［正解率 31.48％］

◇この問題は 15 点満点（配点 3 点×5）で，平均点は 6.28 点でした。

---

1 解説のまとめ

＊語彙・慣用表現を問う問題です。構文が変われば使われる語も異なり，語が変われば結びつく名詞の格や前置詞も異なります。全体として表される意味はほぼ同じでも，語彙や構造によってニュアンスが違うことがあるので辞書で確認することが重要です。

＊話し手や書き手の個人的な好み，文章のジャンルによっても違う表現が用いられます。さまざまな文章を読んでみましょう。

2 関係ある語による文の書き替え

正解 （**1**） eingewendet / eingewandt　　（**2**） gilt

(3) **verlegen**　(4) **zusammengebrochen**
(5) **tendieren**

　a の文で下線の引いてある名詞と関係のある動詞を使い，ほぼ同じ意味の **b** の文を完成させる問題です。選択肢を選ぶのではなく，語を記入する形式です。スペルが正確に記入されている場合のみを正解とします。なお，大文字，小文字の使い方に誤りがある場合は部分点（2 点）を加点しています。

　（**1**）**a** の文は「市長は高速道路の建設に異議はなかった」という意味です。ここでは keine Einwände haben（異議がない）という慣用表現が使われています。下線部の名詞 Einwand（異議）の基となる動詞 einwenden を用いて書き替えます。**b** の文の時制は現在完了で，あらかじめ定形の位置に haben が書かれているので，空欄には過去分詞が入ります。einwenden は ein- を前つづりとする分離動詞であり，wenden の過去分詞には弱変化と強変化の 2 種類があります。したがって **eingewendet** ないし **eingewandt** が正解となります。eingewändet や eingewandet などの解答もありました。スペルには注意しましょう。［正解率 17.42％］

　（**2**）**a** の文は「公共の空間における禁煙は，一般に通用する」という意味です。ここで使われているのは Gültigkeit haben（効力がある）という表現ですが，**b** の文では名詞 Gültigkeit（効力）の基である動詞 gelten を用います。時制は現在形で，**b** の文の空欄には gelten の現在形が入ります。したがって正解は **gilt** となります。形容詞 gültig を記入した解答が少なくありませんでしたが，括弧に入るのは動詞です。品詞にも注意しましょう。［正解率 31.26％］

　（**3**）**a** の文は「トーマスは，ミアの両親についての質問でミアを当惑させた」という意味です。ここでは jn in Verlegenheit bringen（～を当惑させる）という慣用表現が使われています。空欄には下線部の名詞 Verlegenheit（当惑）の基となる形容詞 **verlegen** が入ります。verlegt とした誤答が見られました。この問題で焦点になる verlegen は動詞ではありません。［正解率 18.59％］

　（**4**）**a** の文は「ソビエト連邦の崩壊の後，グローバリゼーションの流れはとどまることがないように思われる」という意味です。**b** の文では下線部の名詞 Zusammenbruch（崩壊）の基となる動詞 zusammenbrechen を用います。空欄は従属接続詞 nachdem（～の後）に導かれる従属文の中にあります。従属文では主文の過去形が表す事態に先行することがらを表す過去完了形を用いることになりま

す。したがって空欄には過去分詞が入り，正解は **zusammengebrochen** です。zusammengebracht とした解答もありましたが，これは動詞 zusammenbringen（〜を集める）の過去分詞です。［正解率 36.16％］

　（5）**a** の文は「若い人が自らのパートナーをインターネットで探す傾向がますます強くなっている」という意味です。下線部の名詞 Tendenz（傾向）と同じく外来語の動詞である tendieren（〜の傾向がある）を用いて書き替えます。正解は，この動詞の現在形 **tendieren** です。なお，neigen と記入した解答がありましたが，問題文にある通り下線部の名詞と関係のある語を入れる問題なので，意味的には正解であっても誤答となります。［正解率 5.27％］

◇この問題は 20 点満点（配点 4 点×5）で，平均点は 4.35 点でした。

> **2 解説のまとめ**
> ＊動詞を適切な形にする際は，時制や人称変化，分離動詞・非分離動詞の区別にも気を配りましょう。特に，不規則に変化する動詞には注意が必要です。
> ＊動詞は文頭以外ではすべて小文字で書きます。下線部の名詞につられて，大文字・小文字の区別を間違えないように注意しましょう。
> ＊語を記入する問題では読めない文字は採点されないので，誤解の生じない，読みやすい丁寧な文字で書くことが大切です。筆記体を避け，ブロック体で書くとよいでしょう。

3 文の完成

[正解]　(1) 2　　(2) 6　　(3) 1　　(4) 1

　語句を適切に配置し，文を完成させる問題です。文構造を正しく把握し，適切な品詞，語形，時制，さまざまな文法機能を担う語句を選択する総合的な文法力が問われます。

　（1）問題文は「自動車産業が交通事故の数をゼロにしようともくろんだことは，あまりに高くかかげられた目標かもしれない」という意味です。正解は選択肢 **2** です。空欄の後には gestecktes Ziel とあります。この gestecktes は過去分詞ですが形容詞として名詞 Ziel を修飾しており，選択肢から考えて冠飾句の一部であ

ることがわかります。それゆえ，最初の空欄には冠詞である **a** の ein が入ります。最後の空欄には，gestecktes を修飾する **b** の副詞 hoch が入り，2番目の空欄には **c** の zu が入ります。zu hoch で「あまりに高すぎる」という意味です。[正解率 53.00％]

　(2) 問題文は「簡単に休暇が取得できるという考えは，ビジネスライフの現状を無視したものである」という意味です。正解は選択肢 **6** です。問題となっている箇所は，名詞 Vorstellung を修飾する zu 不定詞句です。zu 不定詞句では，平叙文の定動詞にあたる動詞ないしは助動詞が zu とセットで最後に置かれるので，最後の空欄には können が置かれ，その前の空欄には zu が置かれることがわかります。最初の空欄には Urlaub nehmen（休暇を取る）という表現を作る **c** の nehmen が入ります。選択肢 **4** を選んだ解答が 32.21％ ありましたが，ドイツ語では助動詞を含んだ構文を zu 不定詞にする場合，zu は助動詞の前に置きます。[正解率 58.42％]

　(3) 問題文は「突発的な洪水の際に，その街では 250 人以上の人が亡くなった」という意味です。正解は選択肢 **1** です。ここでは，ums Leben kommen（命を落とす）という慣用表現が現在完了形で用いられています。したがって，最初の二つの空欄には ums と Leben が置かれ，最後の空欄には kommen の過去分詞である gekommen が入ります。単文で現在完了形が使われる場合，過去分詞は文末に置かれるので注意しましょう。[正解率 92.09％]

　(4) 問題文は「われわれは，マックス・フリッシュの小説の悲劇の主人公であり，数字と確率以外には何も知ろうとは思わないホモ・ファーベルのようになる必要はない」という意味です。正解は選択肢 **1** です。ここでは wir を文頭とする主文での配語法が問題となっています。最初の空欄には話法の助動詞 müssen が定動詞として入ります。助動詞のある構文では不定詞は最後に置かれるので，**c** の werden が最後の空欄に入ります。したがって，二つ目の空欄に入るのは nicht です。ここでは wie Homo Faber は文中第 2 位の要素である助動詞と文末の不定詞から作られる枠構造から外れています。その点で混乱したせいか，werden を二つ目の空欄に配置する選択肢 **2** を選んだ解答も 17.42％ ありました。[正解率 67.94％]

◇この問題は 12 点満点（配点 3 点×4）で，平均点は 8.14 点でした。

3 解説のまとめ

* この問題は文構造を把握する力を問うとともに，語順に関する知識を問う問題でもあります。
* ドイツ語では，定動詞は平叙文となる主文では第2位に，従属文では末尾に置くのが原則です。今回の出題では従属文は問題となりませんでしたが，一般的には従属文の構文に注意することも大切です。
* 従属文で動詞が三つの要素から成る場合に定形動詞が後置されない場合があることに特に注意しましょう。話法の助動詞や知覚動詞が完了形で用いられ，結果として不定詞と同形のものが二つ並ぶ時には，定形動詞である完了の助動詞がその前に置かれます（Ich weiß nicht, ob er gestern zur Arbeit hat gehen müssen. のような場合）。主文，従属文ともに，動詞が二つの成分からなる場合と三つの成分からなる場合について，語順を確認しておきましょう。

4 長文読解（表現の補充・テキスト内容の理解）

正解 (1) (a) 4　(b) 2　(c) 3　(d) 4
　　　(2) 2, 5, 6（順不問）

　この問題は，長文のテキストを読み，内容に適合する語彙や文章を選ぶことによって，テキストの内容が把握できているかどうかを見るものです。出典は，2017年3月2日付《Die Zeit》紙の付録《ZEIT Doctor》にある記事 „Ein gutes Buch ist wie Medizin zum Blättern" です。出題にあたり，若干修正を施してあります。アメリカ合衆国のイエール大学にて行われた実験を題材とした記事です。

内容：

　12年もの長い間，研究者たちはずっと待っていた。そして彼らは，3635人の研究協力者たちがどのような健康状態であったのかを目にすることとなった。この研究が開始された時，協力者たちは50歳ないし，それより高齢であったのだが，12年経った今，イエール大学の科学者たちは，その内の誰がまだ生きており誰が死んでいるのかを突き止めようとしていた。また，まだ存命中の人たちと亡くなってしまった人たちが，開始当初に研究者チームのほうで設定してあった三つのグループにどのように分かれているのかも知ろうとしていた。この三つのグループの構成は以下のとおりである。まず最初に，まったく本を読まない人たち。次に，週のうち3時間半まで読書に没頭するような人たち。

そして，もっと読書にふけるような多読の人たち。

　答があまりにも早く出たので，研究者たちは念のためにそれに補正をかけた。その際，読書家は女性であることが多く，比較的教養が高く，稼ぎが多い傾向があるという要因が考慮された。なぜならこの三つの要素はもともと寿命には有利に働くからである。こうした事情を研究者たちは評価の際に考慮に入れ，研究の結果を出すのに妨げとなるさらに別の原因も勘定に入れた。それは，年齢，仕事や人間関係の状態，もともとの健康状態である。昨年，研究の結果がついに確定された。それは，読書を好む人々は，本を読まない人々よりも長生きするというものである。しかも平均して約2年長く生きるのだという。多読の人々はとくに読書から利益を得ているようであった。とはいえ，一日のうちに30分本を読むというのでも，すでに長生きする可能性は著しく高まった。文学の持つこうした防護作用が何から由来しうるのか，ということを研究者チームはまだ述べることができない。また，小説と実用書とではどちらが生命力を保持するのにより適しているのか，ということも解明されていない。したがって，こうしたことは今後の研究の課題である。

　しかし我々は，本の持つ癒しの力について，すでに長いこと直観的には知っている。子どもたちが病気になってベッドで寝ている時，両親が彼らにお話を読んで聴かせると，子どもたちはより早く快復する。兵士たちが病んで荒野の病院で寝ていると——『イングリッシュ・ペイシェント』という本において，イギリス人の患者がそうされたように——女性看護師が彼らに何かを読み聴かせる。「彼は彼女のほうに耳を傾け，彼女の言葉を水のように飲み込む」と，その本には書いてある。

　文学それ自身，いかに自らが癒しの力を持っているのかを知っている。フランスの哲学者であり叙情詩人であるポール・ヴァレリーは日記で，手術を受ける間，痛みを弱めるために繰り返し詩を暗唱した一人の病人について報告している。よい本は，ひどい診断をうけながら生きるのを助けるかもしれない。それは老いへの不安を弱め，鬱状態に対抗し，フランツ・カフカが認めたように，「我々の内にある凍った海をかち割る斧」であるかもしれないのだ。なぜ文学が魂をなだめつつそれに働きかけるのかについて，エーリッヒ・ケストナーがひそかに教えてくれている。彼いわく，「自分の苦悩を他の人に言葉で表現させると，元気になる」。表現することというのは，癒しの力を持っているのである。

(**1**) の問題は，本文中の空欄に選択肢から適切な語を選んで入れるものです。前置詞，副詞，名詞，動詞といったさまざまな種類の語について問われています。

(**a**)は,「この研究が開始された時,協力者たちは50歳ないし,それより高齢であったのだが…」という箇所に関して,Beginn der Studie の前に入る適切な前置詞を選ぶ問題です。無冠詞の名詞 Beginn（開始,最初）という語がどの前置詞と一緒に使われることにより,「〜のはじめに」,「〜が開始された時」という意味になるかを考える必要があります。選択肢 **2** の auf と選択肢 **3** の mit は,こうした意味を表すために Beginn の前に置かれることはないので不正解です。正解は,選択肢 **4** の zu ですが,選択肢 **1** の an という答が 30.89％ と多く見られました。前置詞 an と Beginn の組み合わせも存在しますが,その場合は男性名詞 3 格の定冠詞 dem と結びついた融合形になり,am Beginn となるため,この空欄に入れる答としては適切ではありません。［正解率 28.26％］

(**b**)は,「なぜならこの三つの要素はもともと寿命には有利に働くからである」という箇所に関して,適切な副詞を入れる問題です。選択肢 **1** の abermals（またしても）は,空欄に入れても意味が通らないので不正解です。選択肢 **4** の wiederum も,「またしても」という意味であり（「他方また,それはそれで」などの意味もあります）,空欄に入れてもやはり意味が通らないため,不適切です。解答としては選択肢 **3** の unbedingt「絶対に,完全に,必ず」が 45.24％ と一番多かったのですが,意味が強すぎ,そこまで断言できる論拠がないということ,また,空欄 (**b**) の直後に schon が入っていることから,schon と結びついて「どのみち,もともと」という意味を示す選択肢 **2** の ohnehin が正解となります。［正解率 20.50％］

(**c**)は,「しかも平均して約 2 年長く生きるのだという」という箇所で,Im の次に入れるのに適切な名詞を選ぶ問題です。意味から考えると,選択肢 **1** では「竪穴の中で」,選択肢 **2** では「光の中で」,選択肢 **4** では「歩みにおいて」となり,いずれも前からの文章の流れから考えて,この箇所に入れるのは不適切です。したがって正解は,Im と結びついて「平均して」という意味になる選択肢 **3** の Schnitt（平均）となります。この語は Durchschnitt（平均）と同じ意味の単語です。［正解率 46.12％］

(**d**)は,エーリッヒ・ケストナーが何をしているのかを示す文に,適切な動詞を入れるという問題です。解答としては選択肢 **2** の berät が 43.78％ と一番多かったのですが,動詞 beraten は「助言する,忠告する」ということ,つまり誰かに何かをアドバイスする,という意味なので,ここでは不適切です。選択肢 **1** の rät も beraten の同義語である raten の定型であり,同じ理由で不正解となります。

選択肢 3 の gerät は geraten の定型ですが,「入り込む,行き着く」という意味なのでこれも誤りです。正解は,「ひそかに教える」という意味を持つ選択肢 4 の verrät となります。ケストナーは,表現と癒しの力との関係を語ることによって暗に読書と癒しの力との関係をほのめかしているにすぎず,必ずしも直接的に両者の関係を述べているのではないため,verraten(ひそかに教える)という動詞が適切です。[正解率 21.67%]

 (2) は,テキスト全体および選択肢の内容を正しく理解しているかを問う問題です。選択肢 1 は「研究協力者たちは三つの研究者グループによって調査された」という意味です。本文では,研究者グループ自体が三つに分けられていたという記載はなく,研究協力者たちが研究者によって三つのグループに分けられるということのみが書かれているので,選択肢 1 は不正解となります。選択肢 2 は「最初に出た結果を再検討する際,研究者たちは研究協力者の性別,教養,収入を考慮に入れた」というものです。本文第 2 段落で,答があまりにも早く出たので研究者たちは念のためにそれに補正をかけたということ,またその際,本を読む人は女性であることが多く,また比較的教養が高く,稼ぎのある人が多いということが考慮されたと書かれているので,選択肢 2 は正解です。[正解率 35.14%] 選択肢 3 は「研究者たちはこの調査を通じて,年齢,仕事や人間関係の状態,そしてもともとの健康状態が生命力に影響を与えるということを示そうとした」という意味であり,これを正解とみなした解答が多くありました(60.03%)。しかし,本文第 2 段落で述べられているのは,年齢,仕事や人間関係の状態,もともとの健康状態といったものが,研究の結果を出すのに妨げとなるということです。これらが寿命を延ばすのに影響力があるのを示すこと自体がこの研究の目的ではないので,選択肢 3 は不正解です。選択肢 4 は「自然科学者たちは昨年ついに,本の持つ防護作用の諸々の厳密な理由を突き止めた」というものです。本文第 2 段落に,そうした理由についてまだ研究者チームは述べることができない,という旨のことが書かれているので,選択肢 4 は不正解となります。選択肢 5 は「文学のどのジャンルのものが寿命に有利に働くのかということは,まだ充分に究明されてはいない」というものです。本文第 2 段落に,「小説と実用書とではどちらが生命力を保持するのにより適しているのか,ということも解明されていない」とあるので,選択肢 5 は正解です。[正解率 68.81%] 選択肢 6 は「何人かの作家は,文学の持つ癒しの力について語っている」という意味です。本文第 4 段落に,ポール・ヴァレリー,フランツ・カフカ,エーリッヒ・ケストナーがそれぞれに述べた言葉が挙げられているので,選択肢 6 は正解となります。[正解率 69.84%]

◇この問題は 24 点満点（配点 (**1**) 3 点×4，(**2**) 4 点×3）で，平均点は 10.45 点でした。

4 解説のまとめ

* (**1**) の問題に関しては，語彙の知識が豊富であればあるほど，正解率が上がります。特に (**a**) の Beginn や (**c**) の Schnitt のように，名詞には特定の前置詞を伴うものが数多くあります。したがって，語彙を増やしていく際には，そのことにも留意しながら語句を覚えましょう。(**b**) のように副詞を入れる場合は，空欄の前後を厳密に読みましょう。また (**d**) のような動詞の場合は，その名詞形も一緒に覚えておくと，迷った時に判断を下す助けとなります。
* (**2**) の問題では，選択肢が本文のどこに対応しているのかを見つけることが大切です。肯定的な内容か，否定的な内容かをしっかり理解してから，解答するようにしましょう。

5 図表を含んだテキスト内容の理解

正解　(**1**)　(**i**) 3　(**ii**) 2　(**iii**) 3　(**2**) 4
　　　(**3**)　3，4 (順不同)

　表と解説文から必要な情報を読み取る問題です。出典は，ドイツの医療保険機構である AOK (Allgemeine Ortskrankenkasse) の委託により SINUS-Institut が 2014 年に行った家庭環境調査報告書《AOK-Familienstudie 2014》で，AOK 全国連合会 (AOK-Bundesverband) のウェブサイト (http://aok-bv.de) で公表されているものです。そのうち，4 歳から 14 歳までの子どもがいる家庭における各種メディアの利用について説明する部分から問題文を採りました。出題にあたり，一部，文章の削除や表現変更を行っています。

　(**1**) は空欄に入る適切な語を答える問題です。問題文の最初の段落では，全体として子どもが一週間にどの程度テレビを視聴するかが話題になっています。空欄 (**i**) を含む文は，最大でも 1 日に 30 分しかテレビを視聴しない子どもの全体での比率について述べています。これは平日では 41% ですが，グラフからわかるように週末には 19% (16% と 3% の合計) に留まります。したがって (**i**) の正解は選択肢 **3** となります。[正解率 82.28%]　(**ii**) を含む段落では，子どものテレビ

視聴時間とその親の教育水準の関係が論じられています。空欄 (ii) を含む文で話題になっているのは親の教育水準が低い (bildungsbenachteiligt) 子どものうち，平日に 1 日あたりのテレビ視聴時間が 3 時間を超える子どもの比率です。グラフからは，これが 20% であることがわかります。つまり，「子ども 5 人に一人」(jedes fünfte Kind) ということで，選択肢 2 が (ii) の正解となります。［正解率 57.83%］ 空欄 (iii) は子どものコンピューター利用について語る段落にあります。空欄 (iii) を含む文は，1 日あたり 1 時間以上コンピューターを使う子どもの比率は親の教育水準が低い (bildungsfern) 場合の方がそうでない場合よりも高いと述べています。棒グラフによるとこの両者の比率は平日には 27% と 20% ですが，週末には 47% と 36% になります。よって，(iii) の正解は選択肢 3 です。［正解率 78.33%］

　(2) は空欄に入る適切な語の組み合わせを答える問題です。空欄 (A) と空欄 (B) は親の教育水準と子どものテレビ視聴時間の関係を説明する段落に含まれます。全体として，親の教育水準が低い (bildungsschwach) 子どもはテレビ視聴時間が長くなります。(A) の選択肢はどれもこの内容に矛盾しないものです。そこで空欄 (B) に目を向けてみましょう。この箇所では，平日に 1 日あたり 30 分しかテレビを視聴しない子どもの比率が，親の教育水準が高い場合は 39% であるのに対し，親の教育水準が低い (bildungsfern) 場合は 18% に留まることが述べられています。つまり後者は前者の半分にも届きません。したがって，空欄 (B) には über が入り，um über die Hälfte niedriger (半分を超える度合いで低く) という表現を作ります。空欄 (C) が含まれる文では，ひとり親が子どものテレビ視聴について放任的であることが話題です。この文には als が含まれ，ひとり親とふたり親が比較されていることに注意しましょう。副詞 stark と結びついて規制 (reglementieren) の度合いがより低いことを表す weniger を空欄 (C) に入れるのが最も適切です。他の選択肢では比較表現を作ることができません。したがって選択肢 4 が正解です。選択肢 2 を選んだ解答が 29.43% ありました。［正解率 35.72%］

　(3) は図表および本文の内容と合致している文を選択する問題です。選択肢 1 は，「子どもは週末に全体で平日の 5 倍テレビを観る」という内容です。本文では，全体として子どものテレビ視聴は平日より週末の方が増えるとありますが，それが 5 倍であるという記述はないのでこれは不正解です。選択肢 2 の意味は，「父母両方のもとで育てられる子どものテレビ視聴量は，ひとり親家庭の子どもの場合よりもはるかに著しい」となります。問題文にはこれとは逆のことが述べら

れているので，正解ではないことがわかります。選択肢 **3** は正解です。「高い教育を受けていない父母は，子どもに長時間テレビの視聴を許そうとする傾向が強い」という意味で，本文の内容と合致します。選択肢 **4** では，「子どもたちのコンピューターとの関わり方には，テレビとの関わり方と同じ行動パターンが認められる」と述べられています。問題文後半では子どものコンピューター利用実態が議論されていますが，子どものコンピューターとの関わり方がテレビとの関わり方と似ているとされています。したがってこの選択肢は正解です。選択肢 **5** は，「職業に就いている父母は週末に子どもたちの相手をする時間が少なすぎる可能性が高い」という内容です。問題文の末尾では，ひとり親家庭の子どもの方がテレビやコンピューターと関わる時間が長いことに関して，ひとり親家庭の親は家庭のため，週末にさまざまなことを片付けなければならないのに対し，ふたり親家庭は親が子どもと関わるための時間をより多く持てることが理由として考えられるとあります。したがってこの選択肢は適切ではありません。この選択肢は 38.36％ の解答が選んでいました。［**3** の正解率は 79.50％，**4** の正解率は 46.71％］

◇この問題は 16 点満点（配点（**1**）2 点×3，（**2**）2 点×1，（**3**）4 点×2）で，平均点は 10.13 点でした。

5 解説のまとめ

* グラフを説明する文章は，グラフからどのような情報が読み取れるかを説明するために使われます。内容を適切に理解するにはグラフにあるさまざまな数値を適切に組み合わせる必要があります。また，問題文を読む際にもグラフの情報と矛盾しないか注意しましょう。
* 不定代名詞 jeder は序数と組み合わせると「～ごとに」という意味になり，比率を表すことができます。jedes fünfte Kind は「子ども 5 人ごとに」という意味で，「子ども 5 人に一人」を表すわけです。
* 一つの文章で同じ内容を繰り返し表す場合，その都度，異なった単語を使うことがあります。問題文でも bildungsschwach, bildungsbenachteiligt, bildungsfern, mit niedriger Bildung といった表現が使われていますが，これらは全て「教育水準が低い」ことを表しています。単語の形の上の違いに惑わされないようにしましょう。

6 会話文の再構成

正解 (a) 4　(b) 5　(c) 2　(d) 6　(e) 1　(f) 3

　この問題は，インタビュアーの質問に対する適切な解答を選択する形式です。会話文を理解するためのキーワードを見落とさず，流れを掴むことが重要になります。

　テキストは，ドイツの気象予報官アンドレアス・フリードリヒ氏とのインタビューです。最近のドイツに見られる気候が話題になっています。出典はオンライン版《Die Zeit》紙の記事 „Meteorologie: Nordpol-Hitzewelle liegt nicht am Klimawandel" (2015 年 12 月 30 日付) です。この問題はインタビュアーの質問に対するフリードリヒ氏の適切な答を選択する形式になっています。以下，内容を確認しながら正解を確認しましょう。

　まず始めに，インタビュアーがグリーンランドの上空に発生した，エッカルトと名付けられた巨大な低気圧 (ein gigantisches Tief) が北極方面へと温かい空気を吸い込んでいるため，北極では例年のこの季節に比べて 50 度まで気温が高くなるという報道が正しいかどうか尋ねます。この問いに対するフリードリヒ氏の答が (a) に入ります。インタビュアーの質問にある 50 Grad が含まれる選択肢 **4** の「50 度というのは大げさだと思います。今朝，スピッツベルゲン島の気温は 7 度でした。普通なら氷点下 25 度でしょう。だから北極では例年の 12 月よりもちょうど，ゆうに 30 度も暖かいと言えるわけです。エッカルトはこの 10 年で最も極端な低気圧 (das extremste Tiefdruckgebiet) です」が正解です。[正解率 48.17%]

　さて次に，インタビュアーは「どういうところがそんなに極端だというのですか？」と尋ねます。これに対する返答が (b) です。質問にある extrem (極端) に対応する sehr が含まれる選択肢 **5** の「この低気圧は中心気圧 (Kernluftdruck) が 950 ヘクトパスカルですが，これは本当にとても低い値です。目下のところ，この低気圧は東側では冷たい空気をアイスランドへと吹き込ませているので，アイスランドでは雪嵐と氷点下の気温によって凍りつくような寒さになります。同時にこの低気圧は暖かいカナリア気団を北極方面へ引き込んでいるので，北極ではこうした尋常ではない暖かさになるのです。全ての低気圧と同じくエッカルトは時計の針と反対に回っている (sich gegen den Uhrzeigersinn drehen) のです」が正解です。「極端」というのが気圧の低さのことについてなのだ，ということが明かされる形になります。選択肢 **1** を選んだ解答が 28.84%，選択肢 **4** を選

んだ解答が 41.58% ありました。選択肢 **1** は Extremtief「極端な低気圧」，選択肢 **4** は das extremste Tiefdruckgebiet「最も極端な低気圧」を含んでいますが，どちらも「極端」であること自体を話題にしてはいないため不正解になります。単語レベルの連関のみならず，全体の文脈的な関わりにも注意しましょう。[正解率は 21.82%]

次に，インタビュアーは以下のように尋ねます。「7度というのは私たちにはひんやりしていますね。でも，北極では熱波（Hitzewelle）の類になっていると言えるでしょう。これは問題なのでしょうか？」これに対する返答である (**c**) には選択肢 **2** が入ります。ここではフリードリヒ氏は，「船舶の航行に限っては問題です。現在，海が強い波で荒れています。もっとも，ヨーロッパの人が住んでいる地域では，この気圧の谷のためにさしあたり大嵐（Orkane）については心配する必要はありません。そうなる前にエッカルトは弱まるでしょう。最も激しかったのは今日，つまり水曜でした」と説明します。気象によって引き起こされる問題が話題になっている選択肢が正解になるのです。[正解率 69.25%]

これに対し，インタビュアーは以下のように尋ねます。「冬なのに大嵐ですか？それはそもそも異常なのではないでしょうか？」これに対する返答としては，質問にある ungewöhnlich に対応する das kommt selten vor が含まれる選択肢が考えられます。したがって (**d**) に正解として入るのは選択肢 **6** です。この選択肢には Orkane「大嵐」と関連する Tornados「トルネード」や Hurrikane「ハリケーン」という語も使われているので，それも手がかりになります。選択肢 **6** の意味は，「そうですね。めったにないことです。でも，ありえることなのです。熱帯地域のハリケーンの小型の親戚と言えるトルネードも冬のドイツで散発的に生じることがあります。こういった渦巻き状の嵐は，地表付近で冷たい空気が暖かい気団とぶつかるときに発生します。大晦日の夜には雨氷（Blitzeis）もあるかもしれません。そうなるかどうかは気温差が大きくなるかどうか次第です」です。[正解率 44.22%]

次にインタビュアーは視点を変え，「気候変動（Klimawandel）が現在の北極上空の気温上昇の原因なのでしょうか？」と尋ねます。これに対する返答が空欄 (**e**) ですが，ここでも，Klimawandel という語を手がかりに会話がつながる選択肢を選ぶことができます。正解は選択肢 **1** の「この極端な低気圧（Extremtief）は気候変動とは直接的には関係ありません。というのも，気候変動はとても長い時間をかけて忍び寄ってくるものですから。低気圧エッカルトは偶然に発生したものです。大気のきまぐれと言えます。このような暴風低気圧（Sturmtiefs）は温度が大きく異なる気団同士がぶつかり合ったときに生まれるものです。今日の気

候モデル研究に従えば，地球が平均的に暖かくなっても，暴風低気圧の発生が増えることはないと言えます。せいぜい，激しさを増すことがある程度です」です。[正解率は 37.34%]

さて，これに対してインタビュアーは「そうは言っても，2015 年は天気について言えば記録ずくめの年でしたね」と尋ねます。これに続く (**f**) に入るのは選択肢 **3**「2015 年は地球規模で見て，観測が始まって以来もっとも暑い年でした。これはまさに気候変動と関わりがあります。ドイツでは 11 月と 12 月には同様に記録ずくめの月を経験しました。とはいえ，2014 年が依然として観測史上最も暖かい年です。2015 年はまだわずかにそれを下回っています」です。ここでは，質問に「記録ずくめの年（Rekordjahr）」とあるのでそれに関わる内容の選択肢を選ぶ必要があります。選択肢 **3** には Rekordmonate（記録ずくめの月）という類似した表現もあり，手がかりになります。[正解率 64.71%]

◇この問題は 24 点満点（配点 4 点×6）で，平均点は 11.42 点でした。

> **6 解説のまとめ**
> *質問と返答に共通して使われる単語を探すことが解答の近道となるでしょう。もっとも，形の上で関連した単語だけに着目するのでなく，それが含まれる文の意味にも目配りが必要です。
> *Ja / Nein で答えられる決定疑問文に対する返答であっても，Ja / Nein で始まらないことがあります。その場合は，発言全体として質問に肯定的な答を返しているのか，否定的な答を返しているのかを読み取ることを心がけましょう。

7 テキスト内容の理解

正解 **5, 6, 7, 8**（順不問）

この問題は，長文を読み，その内容に適合する選択肢を選ぶことによって，内容を把握できているかどうかを測るものです。出典は，オンライン版《Focus》誌に掲載された記事 „Künftiges Ersatzteillager? Forscher erschaffen erstmals Mischwesen aus Mensch und Schwein"（2017 年 1 月 27 日付）で，若干の修正を施してあります。本文では人の細胞を持つブタの胚の作成に成功した研究について語られています。

内容：
　カリフォルニアのソーク研究所の科学者たちは人間と動物の細胞を持ち合わせる胚を作ることに初めて成功した。この研究者たちは，これによって，人間の代替臓器を培養する計画に一歩近づいたと期待している。

　将来，ブーブーうなる乳児がベビーベッドに寝るようになるのだろうか？　もちろん，そうはならない。カリフォルニア州ラホヤにあるソーク生物学研究所のイズピスア・ベルモンテ教授率いる研究チームが作り出した人間とブタからなるハイブリッド生物は，ブタの子宮に移植され胎内で4週間成長した，ただの胚に過ぎない。

　この研究者たちが専門誌『セル』に発表したように，異なった種の遺伝子を持つ生物，いわゆる「ハイブリッド」や「キメラ」はこれまで2500も研究室で作られた。もちろん，ちゃんと成長したのは，その中のほんの一部でしかない。それでも，この研究者たちは，人間の幹細胞を動物の胚のなかで成長させることが可能かどうか，という彼らの研究当初の問題を証明したのである。

　しかし，なぜその問題はそれほど興味深いのか？　要するに，研究者たちが人間の組織と臓器を研究室で意図的に作り出す方法を探しているからである。一般的に幹細胞は，極めて多様な細胞になり得るものであるから，これは原則的に可能なことである。しかしながら，ペトリ皿では幹細胞を意図的に特定の細胞に特化することにはこれまで成功していなかった。

　それゆえ，これらのカリフォルニアの研究者たちは，幹細胞を自然の環境で成長させること，つまり彼らの実験で言えば，ブタの子宮において幹細胞を成長させることを思いついたのである。とはいえ，幹細胞がどの程度までねらい通りの組織や臓器に成長可能なのか，あるいはその宿主の細胞に吸収されてしまうのかは，彼らによるとまだ明らかではない。

　もちろん，これまですでに，種族が近いラットとマウスを使った類似の実験においては成功が報告されている。例えば，マウスの体内でラットの胆嚢を成長させたことはあった。マウスは進化の過程でずっと昔に胆嚢を失っているにも関わらずである。

　とはいえ，この研究領域の実験は，もうかなり以前から批判を呼んでいる。批判者たちは，倫理的な問題を懸念している。例えば，もしそうしたキメラが人間の特徴を強く帯びることになったり，ブタの脳の形成に人間の神経細胞が関与してしまうことになったりしたらどうするか，というような問題である。

　それゆえ，アメリカ国立研究所は，2015年にこの研究領域のすべての助成金をほぼ完全に廃止した。

では，一つ一つの選択肢を見ていきましょう。選択肢 1 は「最新の研究のおかげで，ブタの細胞から人間の身体部位を作り出すことができる」という意味です。しかし，本文では，人間の代替臓器を培養する計画に一歩近づいたという報告がなされているだけですから，この選択肢は不正解です。

　選択肢 2 は「人間とブタから成る胚は，そのまま人間の乳児となる」という意味です。本文の第 2 段落で，ベビーベッドにブタのようになる赤ん坊が寝ることはない，と書かれているので，この選択肢は不正解です。

　選択肢 3 は「この科学者たちは，本来，異なる種から取り出した遺伝子を用いて新たな生物を生み出すつもりだっただけだ」です。しかし，本文の第 3 段落で「人間の幹細胞を動物の胚のなかで成長させることが可能かどうか」が本来の研究テーマであったと述べられています。したがって，選択肢 3 は不正解です。

　選択肢 4 は「研究者たちは，すでに人間の組織と臓器を研究室で作り出すことに成功している」という意味です。しかし，第 4 段落において，その「方法を探している」とありますから，これは不正解です。Methode「方法」という単語を読み落としたのでしょうか，選択肢 4 を正解として選んだ解答が 51.24% ありました。

　選択肢 5 は「この研究者たちの目標は，幹細胞を実験室の外でも成長させることだった」という意味です。第 5 段落で，「幹細胞を自然の環境で成長させること，つまり彼らの実験で言えば，ブタの子宮において幹細胞を成長させることを思いついた」とあるので，ペトリ皿を用いた実験室のような環境ではなく，自然の環境で幹細胞を育てることにこの研究者たちの主眼があったことがわかります。したがって，選択肢 5 は正解です。［正解率 60.47%］

　選択肢 6 は「ラットの臓器は，幹細胞を用いることで，マウスのような種族が近い動物の中で成長することができる」という意味です。まず第 5 段落において，幹細胞を用いて動物の中で幹細胞を成長させること，それを受けて第 6 段落では，これまでにも「マウスの体内でラットの胆嚢を成長」させることに成功したことはあると書いてあるので，本文の内容に合致します。したがって，選択肢 6 は正解です。［正解率 68.52%］

　選択肢 7 は「倫理的な問題のため，すでに長いこと，その研究の実験には多くの批判がなされている」という意味です。本文の第 7 段落に「この研究領域の実験は，もうかなり以前から批判を呼んでいる。批判者たちは，倫理的な問題を懸念している」とあるので，この選択肢は正解です。［正解率 81.26%］

　選択肢 8 は「この領域の研究は，アメリカ国立研究所からもはやほぼ支援を受けていない」という意味です。本文の最後の段落で，「アメリカ国立研究所は，

2015年にこの研究領域のすべての助成金をほぼ完全に廃止した」と述べられているので，選択肢 8 は正解となります。［正解率 56.22％］

◇この問題は 16 点満点（配点 4 点×4）で，平均点は 10.66 点でした。

> **7 解説のまとめ**
> ＊文章の細部を正確に理解することが重要です。今回のテキストは科学的なテーマで難しかったかもしれませんが，問題で問われる点は，各段落のキーワードをしっかりと把握すれば決して理解しがたいものではありません。
> ＊例えば，選択肢 4 は Methode「方法」という単語さえきちんと理解できれば容易に間違いであるとわかります。このようにキーワードとなる語の意味を的確に把握できるよう，日頃から語彙知識を増やすよう心がけましょう。

冬期《準1級》

【聞き取り試験】

第1部 テキスト内容の理解

正解 (A) 3 (B) 4 (C) 2 (D) 1

　テキストの内容を理解し，重要情報を聞き取る力を測る問題です。読み上げられたテキストと選択肢は，以下のとおりです。まず，CDを聞いてみてください。なお，(A)～(D)の質問文は予め「解答の手引き」に印刷されています。

　出典は，インターネットニュースサイト《Welt N24》(https://welt.de) に掲載された記事 „Farbe des Autos soll Unfallrisiko beeinflussen" (2017年3月6日付) です。出題するにあたり，記事の一部を変更しています。

Gelbe Taxis sind seltener in Unfälle verwickelt als blaue. Die helle Farbe falle besser auf, sodass die Taxis im Verkehr besser wahrgenommen werden, berichten Forscher aus Singapur. Berücksichtige man die Farbe bei den öffentlichen Verkehrsmitteln, ließen sich viele Leben retten und viel Geld sparen. Deutsche Unfallforscher sind aber skeptisch, was einen Zusammenhang zwischen Autofarbe und Unfallhäufigkeit angeht.

　Professor Teck-Hua Ho von der staatlichen Universität Singapur hatte mit seinen Mitarbeitern Unfallstatistiken eines Taxiunternehmens ausgewertet, das eine Flotte von 16.700 gelben und blauen Taxis betreibt — etwa 60 Prozent aller Taxis in Singapur. Blaue Taxis sind in dem Unternehmen etwa dreimal häufiger als gelbe vertreten.

　Die Wissenschaftler analysierten die Zahl der Unfälle, die in drei Jahren stattgefunden hatten, und brachten sie in Zusammenhang mit der Autofarbe und verschiedenen Eigenschaften des Fahrers.

　Das Ergebnis: Obwohl sie genauso häufig eingesetzt wurden, die gleiche Strecke zurücklegten und mit der gleichen Geschwindigkeit unterwegs waren wie die blauen, gab es mit den gelben Taxis deutlich weniger Unfälle. Pro Monat waren es bezogen auf tausend Taxis gut sechs Unfälle weniger. Der Unterschied sei statistisch bedeutsam und entspreche einer Minderung der Unfallwahrscheinlichkeit von neun Prozent, berichten die Forscher.

Sie schließen aus, dass der beobachtete Zusammenhang zustande kommt, weil etwa sicherere Fahrer die Farbe Gelb bevorzugen. Die Fahrer wurden den Taxis nämlich zufällig zugeteilt.

Auch hinsichtlich anderer Faktoren wie Alter, Bildung oder Arbeitszeit fanden die Wissenschaftler keinen Unterschied zwischen Fahrern gelber und blauer Taxis. Sie folgen: Die bessere Sichtbarkeit der gelben Taxis habe zur Folge, dass andere Verkehrsteilnehmer die Wagen besser wahrnehmen und Unfälle einfacher vermeiden können. Tatsächlich waren gelbe Taxis bei einfachen Auffahrunfällen seltener in der vorderen Position als blaue.

Siegfried Brockmann, Leiter der Unfallforschung der Versicherer, glaubt nicht, dass es einen belastbaren Zusammenhang zwischen Autofarbe und Unfallhäufigkeit gibt. Moderne Fahrzeuge seien mit gut sichtbaren LED-Scheinwerfern ausgestattet, die sich oft um die Seiten der Wagen herumzögen. Die Farbe des Lackes spiele für die Sichtbarkeit eine allenfalls untergeordnete Rolle. „Ein Auto, das sich im Dunkeln mit 50 Stundenkilometern nähert, sollte man schon an seinen Lichtern erkennen können — und nicht an der Farbe." In Deutschland würden Angaben zur Farbe von Unfallautos nicht erfasst, Statistiken dazu gebe es deshalb nicht.

Walter Niewöhner, ein renommierter deutscher Unfallforscher, hält die pauschale Festlegung einer „sicheren Autofarbe" für gewagt. Ihm seien Einzelfälle bekannt, bei denen schwache Kontraste — etwa ein grünes Auto vor einer grünen Wiese — die Wahrnehmung eines Fahrzeugs beeinträchtigt und dies zu einem Unfall geführt habe. Der Mensch selber sei aber wohl entscheidender für das Unfallrisiko als die Lackfarbe. Als Unfallursache nehme Ablenkung im Auto, etwa durch das Smartphone, seit einiger Zeit zu.

質問 (**A**)　Was meinen die Unfallforscher?

　　1　Die deutschen Forscher meinen, dass man besser das Geld sparen sollte, als es für die gelbe Autofarbe auszugeben.

　　2　Die singapurischen Forscher meinen, dass sich viele Leben retten lassen, wenn alle öffentlichen Verkehrsmittel blau angestrichen werden.

3 Die singapurischen Forscher meinen, dass sich viele Leben retten lassen, wenn man die Taxis gelb anstreicht.

4 Die deutschen Forscher meinen, dass sich viele Leben retten lassen, wenn man die gelben öffentlichen Verkehrsmittel häufiger benutzt.

質問 (**B**) Wie hoch ist der Anteil der blauen Taxis in dem untersuchten singapurischen Unternehmen?

1 60 Prozent aller Taxis in diesem Unternehmen sind blau.
2 40 Prozent aller Taxis in diesem Unternehmen sind blau.
3 Es gibt doppelt so viele blaue Taxis wie gelbe.
4 Es gibt etwa dreimal mehr blaue Taxis als gelbe.

質問 (**C**) Zu welchem Ergebnis sind die Forscher aus Singapur gekommen?

1 Laut ihrem Bericht ist die Unfallwahrscheinlichkeit bei den gelben Taxis um sechs Prozent niedriger.
2 Laut ihrem Bericht ist die Unfallwahrscheinlichkeit bei den gelben Taxis um neun Prozent niedriger.
3 Laut ihrem Bericht ist die Unfallwahrscheinlichkeit bei den gelben Taxis sechsmal niedriger.
4 Laut ihrem Bericht gibt es bei den gelben Taxis nur sechs Unfälle pro tausend Taxis.

質問 (**D**) Warum sind die deutschen Forscher skeptisch, dass die Autofarbe die Unfallhäufigkeit beeinflusst?

1 Weil sie denken, dass für das Unfallrisiko Menschen entscheidender sind, die sich z.B. durch ihr Smartphone ablenken lassen.
2 Weil sie denken, dass auffällige Autofarben im Gegenteil die Wahrnehmung der Fahrer beeinträchtigen.
3 Weil sie denken, dass diese Annahme mit der Unfallstatistik nicht vereinbar ist.
4 Weil sie denken, dass die Deutschen stets gesetzmäßig fahren

und bei 50 Stundenkilometern alle Autos gut erkennbar sein sollen.

（**A**）は，交通事故の研究者の見解を問う質問です。読み上げられたテキストの第 1 段落では，公共交通機関を「黄色に塗れば」，多くの命が助かるというシンガポールの研究者の報告を紹介しています。これは，黄色のタクシーは目立つために交通事故に関わることが少ないという見解に基づいています。なので，解答として最もふさわしい選択肢 **3** が正解です。選択肢 **2** は，シンガポールの研究者が公共交通機関を「青色に塗る」ことで多くの命が助かる，ということなので不正解です。一方で第 1 段落終盤にあるとおり，ドイツの研究者はこうした因果関係に対して慎重な態度をとっています。もっとも，選択肢 **1** のような，ドイツの研究者は車を黄色く塗るのにかけるお金を節約するほうがましだと考えている，という解答や，選択肢 **4** のような，ドイツの研究者は黄色の公共交通機関をより頻繁に使うことで多くの命が救われると考えているという見解はふさわしくありません。［正解率 50.66％］

（**B**）は，調査が実施されたシンガポールの会社が保有するタクシーのうち，青色のものの占める割合を問う問題です。読み上げられたテキストの第 2 段落に，調査対象のシンガポールのタクシー会社には，青色のタクシーが「黄色のタクシーの 3 倍」あると書かれているので，選択肢 **4** が正解です。選択肢 **1** を選んだ解答も 31.04％ありましたが，選択肢 **1** には「この会社の 60％のタクシーが青色である」とあります。テキストの第 2 段落で言及された 60％という数字は，調査対象の会社が保有するタクシーのシンガポール全体のタクシーに占める比率であるため，これは不正解です。また，選択肢 **2** には「この会社の 40％のタクシーが青色である」とありますが，上述のようにこの会社には青色のタクシーが黄色のタクシーの 3 倍あるわけなので，これも不正解です。選択肢 **3** は青色のタクシーが黄色のタクシーの 2 倍あるという意味で，やはり不正解です。［正解率 57.98％］

（**C**）は，シンガポールの研究者たちによる調査の結果を問う問題です。テキストの第 4 段落で，黄色のタクシーの場合，事故確率が 9％少ないと言われているので，選択肢 **2** の「彼らの報告によれば，黄色のタクシーでは事故確率が 9％少ない」が正解となります。選択肢 **1** は事故確率の下がる幅が「6％」とされているので不正解です。選択肢 **3** は「黄色のタクシーでは事故確率が 6 倍少なくなる」とあり，やはり不正解です。選択肢 **4** を選んだ解答が 19.33％ありました。選択肢 **4** では「黄色のタクシーは 1000 台あたり 6 件の事故しか起きていない」とあ

りますが，第4段落に書かれているのは，黄色のタクシーの場合は1ケ月の1000台あたりの事故数がほぼ6件分少なかったということです。したがってこの選択肢も不正解になります。［正解率55.93％］

（D）は，ドイツ人の研究者が自動車の色が交通事故の頻度に影響を及ぼすという因果関係に対して懐疑的である理由を問う問題です。読み上げられたテキストの最後の部分では，車両の色よりも人的要因のほうが影響を及ぼすというドイツの研究者の見解が紹介されています。そこでは，例えばスマートフォンのために運転者が注意散漫となって発生する事故が増えているとあります。したがって，これに適合する選択肢 **1** が正解となります。選択肢 **2** は逆に目立つ色のほうが運転者の知覚を鈍らせることを表しているので，解答として不適切です。選択肢 **3** は「この見解は，交通事故の統計と一致しないと考えているから」とあり，テキストの内容から逸脱しているため不正解です。選択肢 **4** を選んだ解答が26.50％ありましたが，「ドイツ人は常に規則に従って自動車の運転をする」ということはテキストでは話題になっていないので，不正解になります。［正解率34.70％］

◇この問題は16点満点（配点4点×4）で，平均点は7.97点でした。

第1部 解説のまとめ

＊準1級の聞き取り試験で読み上げられるテキストは，全体的に論旨の展開が明快です。テキストの展開を的確にとらえるよう心がけましょう。また，試験ではよく数値に関した問題が出されるため，数字がきちんと聞き取れるように普段から注意してください。

＊リスニング力の向上のためには，ドイツ語を聞く機会を増やすことが重要です。リスニング教材や原稿のあるニュースを繰り返して聞くなど，精聴の練習を行いましょう。耳で聞くだけでなく，ディクテーションもおすすめの勉強法です。あいまいな箇所を，文法的知識を活用しながら補う練習が有効です。

第2部 会話文の内容理解

正 解　**1**，**5**，**7**，**8**（順不問）

インタビューを聞いて，選択肢の正誤を内容から判断する問題です。出典は，Dussmann書店が発行しているフリーペーパー《Hörbuch》2016年第2号に掲

載された記事 „Achtung, Smartphone!" です。内容は，スマートフォンなどの電子機器が及ぼす悪影響に関する著作を多く発表している精神科医マンフレート・シュピッツァー氏へのインタビューです。インタビューを2度聞き，「解答の手引き」にある選択肢から内容に合うものを選びます。

　インタビューの内容は，おおよそ以下のように展開していきます。インタビュアーは，近刊のオーディオブック（Hörbuch）の中でシュピッツァー氏が警告している，スマートフォンが青少年に及ぼす影響について具体的に質問していきます。シュピッツァー氏はそれに答え，スマートフォンが日常生活から切り離せなくなればなるほど，青少年たちの視力や学力のみならず，人間関係や社会性にも悪影響が出ることを説明しています。以下では，放送された全文を掲載し，続いて選択肢ごとに解説します。

I (Interviewerin)： Prof. Spitzer, vor einigen Jahren haben Sie vor einer „digitalen Demenz" unserer Gesellschaft gewarnt. In Ihrem jüngsten Hörbuch schießen Sie sich auf das Smartphone ein. Warum gerade Smartphones?

S (Manfred Spitzer)： Unsere Welt ändert sich rasant. Noch vor einigen Jahren ging man zum Computer und loggte sich ins Internet ein. Heute sind Jugendliche durch das Smartphone praktisch immer online.

I: Was ist daran schlimm?

S: Wenn man sich die zahlreichen wissenschaftlichen Studien ansieht, die es inzwischen gibt, stellt man fest: Soziale Netzwerke bereichern unser Leben nicht, sondern im Gegenteil, sie machen uns unglücklich, und das geht Hand in Hand mit der Nutzung der Smartphones.

I: Sie erwähnen in Ihrem Hörbuch Länder, wo inzwischen fast alle Jugendlichen kurzsichtig sind.

S: Ja, zum Beispiel in Südkorea. Dort spielen Kinder täglich stundenlang mit ihren Smartphones. Das kindliche Auge passt sich im Wachstum der kurzen Entfernung an mit dem Ergebnis, dass inzwischen fast alle Jugendlichen kurzsichtig sind. Auch Deutschland ist bereits auf dieser Spur unterwegs.

I: Ab wann dürfen denn ihrer Meinung nach Kinder oder Jugendliche ein Smartphone haben?

S: Diese Frage wird mir oft gestellt. Wir haben inzwischen zahlreiche wissenschaftliche Belege, dass Smartphones nicht nur für die Augen, sondern auch für die kognitive und soziale Entwicklung von Kindern schädlich sind. Eine US-amerikanische Studie zeigt: Schenkt man College-Studenten ein Smartphone, lernen sie schlechter und werden unkonzentrierter. Und eine große britische Studie an 90 Schulen mit über 130.000 Schülern zeigt: Ein Smartphone-Verbot führt zu besseren Schulleistungen, besonders bei den schwachen Schülern.

I: Tatsächlich, der Zusammenhang ist so offensichtlich?

S: Ja! Auch wenn das viele nicht wahrhaben wollen. Smartphones bergen für Kinder und Jugendliche Risiken und Nebenwirkungen.

　選択肢 **1** は「シュピッツァー教授がスマートフォンを批判している新しいオーディオブックがある」という意味です。本文でもインタビュアーは，シュピッツァー氏が近刊のオーディオブックでスマートフォンを非難している（sich⁴ auf das Smartphone einschießen）というところから話を始めています。したがって，選択肢 **1** は正解です。［正解率 26.50％］

　選択肢 **2** は「すでに数年前には青少年たちは常にインターネットとつながっている状態だった」という意味です。45.53％ の解答が，選択肢 **2** を選んでいました。しかし本文でシュピッツァー氏は，数年前はインターネットと接続するにはまずコンピューターの前まで行って，ログインする必要があったのだが，今日のスマートフォンの普及によって常時オンライン状態になってしまったと述べています。したがって，選択肢 **2** は内容にふさわしくありません。

　選択肢 **3** は「スマートフォンによって，我々の生活はより豊かになるが，同時にまた不幸にもなる」という意味です。44.95％ の解答が選択肢 **3** を選んでいました。しかし本文でシュピッツァー氏は，ソーシャルネットワークは我々の生活を豊かにせず，逆に不幸にするのであり，そしてそれはスマートフォンの利用と結びついている，と述べています。つまり彼の考えでは，スマートフォンは我々の生活を豊かにはしていないということなので，選択肢 **3** は内容に合致しません。

　選択肢 **4** は「韓国では子どもたちは毎日 1 時間スマートフォンで遊んでいる」という意味です。52.86％ の解答が，選択肢 **4** を選んでいましたが，本文でシュピッツァー氏は，韓国では子どもたちは毎日長時間（stundenlang）スマートフォンで遊んでいると述べています。したがって，選択肢 **4** は内容と一致しません。

　選択肢 **5** は「シュピッツァーはドイツでもまた，子どもたちの目がだんだん悪

くなる傾向があることを見ている」という意味です。本文でシュピッツァー氏は韓国でスマートフォンの画面に近づきすぎるために子どもたちが近視（kurzsichtig）になった例を挙げ，ドイツもまた同じ道を辿りつつある，と指摘しています。したがって，選択肢 5 は正解です。［正解率 49.49％］

　選択肢 6 は「スマートフォンは確かに目にとっては害となるが，しかし子どもたちの認知力や社会性の発達に対して害を及ぼすものではない」という意味です。本文でシュピッツァー氏は，多くの研究結果によってスマートフォンが視力だけでなく，認知力や社会性の発達にも害を与えることが証明されていると述べています。したがって，選択肢 6 は内容にふさわしくありません。

　選択肢 7 は「アメリカで研究者たちは，学習過程とスマートフォン利用の関係を調査した」という意味です。本文でもシュピッツァー氏は，アメリカの学生たちにスマートフォンを貸与したところ，学習意欲や集中力に悪影響が出たという研究事例を紹介しています。したがって，選択肢 7 は正解です。［正解率 46.12％］

　選択肢 8 は「科学的研究の数々を鑑みると，学業成績とスマートフォン利用の間には密接な関係があるということが認識できる」という意味です。本文でシュピッツァー氏はイギリスでの実験についても触れており，それによるとスマートフォン利用を禁止することが成績向上につながるという結果が出たと述べています。したがって，選択肢 8 は正解です。［正解率 59.30％］

　選択肢 9 は「多くの人々がすでに，スマートフォンがもたらすリスクや副作用を信じているということに，シュピッツァーは確信をもっている」という意味です。49.63％の解答が，選択肢 9 を選んでいました。本文終盤でインタビュアーは，シュピッツァー氏の紹介した実験によって示されたスマートフォン利用の学習に対する悪影響がとても明確であることに驚いています。それに対してシュピッツァー氏は「たとえそのことを多くの人々が認めようとしないのだとしても，です」と留保を付けています。つまりシュピッツァー氏は，この関連性がまだ世間でそれほど認められていないと考えているということなので，選択肢 9 は内容に合致しません。

◇この問題は 20 点満点（配点 5 点×4）で，平均点は 9.07 点でした。

第2部　解説のまとめ

＊まず放送を聞く前に，選択肢にざっと目を通し，どのようなことがインタビューで述べられるのか，またキーワードとなりそうな単語はどれか，探してみましょう。選択肢は，会話が進む方向（キーワードとなる事柄に対

し肯定的なのか，あるいは否定的なのかなど) についてのヒントを示している場合もあります。

＊音声だけでテキストの文脈を捉えるには，相当量の聞き取り練習が必要です。特に否定を表す表現や逆説の接続詞など，短い語でも文脈に大きな影響を与えるものがあります。また，音声ならではの非言語的な情報にも意識を向けられるようにしましょう。現在では，インターネット上でたくさんのドイツ語の音声や動画を入手できるので，日頃から時間のある時に視聴し，耳慣らしをしておきましょう。

【二次口述試験】

　実施方法は，例年と同様，ドイツ語を母語とする面接委員と日本人面接委員の二名で審査チームを作り，受験者を一人ずつ試験室に招き入れて質問をしました。
　準1級の審査対象となるドイツ語能力は，1. 発音の正確さ，イントネーションの適切さ，2. 適切な語彙と文法の知識，3. 具体的な叙述をする能力，4. 一般的なコミュニケーション能力の四つです。試験の質問を担当するドイツ語を母語とする審査委員と，その質疑応答に立ち会う日本人面接委員が，それぞれの立場で採点します。この口述試験の評点と一次試験の得点を総合して，独検審査委員会*が準1級の最終合否を判定します。
　今回の準1級の口述試験では，名前や職業などについての一般的な質問に続いて，受験者に裏にして置かれた三枚のカラー写真から一つを選んでもらい，そこに何が写っているかをドイツ語で描写してもらいました。写真のテーマは，リンゴを手にした女性（Frau mit Apfel），自転車に乗る旅行者（Touristen auf Fahrrädern），駅のパン店の前に立つ若い男性（Junger Mann vor einer Bahnhofsbäckerei）でした。写真に写っている対象についての質疑応答に続いて，写真のテーマに関係することがらについていくつかの質問が続き，合計で8分程度の試験時間でした。
　写真を出発点としてそれに関係することが数多く質問されるので，相手の質問をきちんと理解して的確に答えられるようにしましょう。写真から導き出される質問は突拍子もないものが出て来るわけではなく，ある程度は連想できるものなので，応答しやすいでしょう。とっさにドイツ語の表現が思い浮かばない時は，言いたい内容を別のドイツ語で説明しながら表現するのも一つの方法です。質問された内容が理解できなかったり，理解を確認したいと思ったりした時は，慌てずに聞き返しましょう。その際も，別の表現や，より簡単な表現で質問すると，自然なコミュニケーションができます。身近なことがらやテーマをきっかけとして会話を展開させることができるようにしておくとよいでしょう。

　＊独検審査委員会：ドイツ語学文学振興会理事，ゲーテ・インスティトゥート代表，ドイツ大使館文化部代表，オーストリア大使館文化部代表，スイス大使館文化部代表，独検出題者会議議長，独検出題者会議副議長（以上19名）で構成する。

1級 (Höchststufe)
検定基準

■標準的なドイツ語を不自由なく使え，専門的なテーマに関して書かれた文章を理解し，それについて口頭で意見を述べることができる。

■複雑なテーマに関する話やインタビューの対話などの内容を正確に理解できる。
複雑な日本語の文章をドイツ語に，ドイツ語の文章を日本語に訳すことができる。

■対象は，数年以上にわたって恒常的にドイツ語に接し，十分な運用能力を有する人。

2017年度 冬期 ドイツ語技能検定試験

1級

筆記試験　問題

（試験時間　120分）

出題は新しい正書法(単語のつづり方などに関する規則)に従います。解答は新旧いずれの方式でも認めます。

──── 注　意 ────

■受験票と机の上の受験番号が同じであることを確認してください。
■携帯電話，スマートフォン，スマートウォッチ等の電子機器類は電源を切り，カバン等にしまってください。机の上に置いてはいけません。
■中途退場は認めません。退場は試験放棄となります。

① 問題冊子は試験開始の合図があるまで，開いてはいけません。
② 問題冊子は表紙・裏表紙を含めて 16 ページあります。
　余白は下書き・メモ用に使ってかまいません。
③ 解答は解答用紙の両面に記入するようになっています。
④ 試験監督者の指示に従って，解答用紙の所定の欄に，受験番号・氏名を記入してください。
⑤ 解答は黒の HB の鉛筆で強めに記入してください。
　書き直す場合には，消しゴムできれいに消してから記入してください。
⑥ **解答はすべて解答用紙の指定された箇所に記入してください。**
⑦ 記入する数字は，下記の見本に従って書いてください。

■試験が終わっても，指示があるまで席を立たないでください。
■解答用紙は持ち帰ってはいけません。
■この問題冊子の無断転載，無断複製を禁じます。

1 Welcher von den Sätzen bzw. Satzteilen **1** bis **4** hat eine ähnliche Bedeutung wie der jeweils unterstrichenen Satz bzw. Satzteil in den Texten (**1**) bis (**5**)? Tragen Sie die Nummer in den entsprechenden Antwortkasten ein.

(1) Im Laufe der Diskussion über die zukünftige Methode der Abfallentsorgung wurden verantwortungslose Entscheidungen der Stadtverwaltung in den vergangenen Jahren <u>unter den Teppich gekehrt</u>.

    1 verheimlicht, und niemand sprach darüber
    2 klargestellt, und neue Vorschläge wurden unterbreitet
    3 erkannt, und deren Umstände klargemacht
    4 verschwiegen, aber danach wurden wenigstens die Probleme gelöst

(2) Die Gefahr, dass man sich beim Krankenhausbesuch mit unbekannten Viren ansteckt, <u>ist nicht von der Hand zu weisen</u>. Deshalb haben wir am Eingang eine Flasche mit Desinfektionsmittel aufgestellt.

    1 erkennen viele Angehörige der Kranken nicht an
    2 kann besonders beim Händeschütteln entstehen
    3 sollte man nicht als unzutreffend ignorieren
    4 wird durch gründliche hygienische Maßnahmen beseitigt

(3) Walter besteht ständig auf sein Recht, keine Überstunden machen zu müssen. Das geht so nicht. Ich als Chef muss <u>mit ihm Tacheles reden</u>.

    1 mit dem Mitarbeiter von Walter reden, der Tacheles heißt
    2 ihn bei seiner Arbeit entlasten
    3 ihm noch einmal alles über die Arbeitsvorgänge erklären
    4 ihm offen sagen, dass er so nicht weiter arbeiten darf

(4) Ihre Frage zur aktuellen diplomatischen Beziehung zwischen den USA und Russland <u>kann ich aus dem Stegreif nicht beantworten</u>.

    1 betrifft ein Geheimnis, über das ich keine Auskunft geben darf
    2 kann ich erst dann beantworten, wenn ich mich darüber ausreichend informiert habe
    3 ist recht unfair, sodass ich keine Lust habe, darauf Antwort zu geben
    4 kann ich zwar beantworten, aber meine Antwort ist so kompliziert, dass Sie sie wahrscheinlich nicht verstehen können

(5) Sie haben einen Käufer gefunden für das Haus am Ufer, das Sie für viel Geld saniert haben? <u>Da sind Sie aus dem Schneider!</u>

    1 Nun können Sie einen neuen Anzug kaufen
    2 Jetzt haben Sie keine Sorge wegen des Hauses
    3 Dann haben Sie ein großes Talent als Geschäftsmann
    4 Dort hatten Sie immer Streitigkeiten mit den Nachbarn

2 Wählen Sie den geeignetsten Ausdruck für die Leerstellen in den Sätzen (1) bis (5) aus und tragen Sie die Nummer in den entsprechenden Antwortkasten ein.

(1) Die Weitergabe des Schlüssels durch den Unterzeichner an Dritte ist grundsätzlich ( ).

1 besagt
2 entsagt
3 untersagt
4 versagt

(2) Während der Pubertät fassen heute viele Eltern ihre Kinder mit ( ) an.

1 Federhandschuhen
2 Lederhandschuhen
3 Panzerhandschuhen
4 Samthandschuhen

(3) Während Michaels Eltern sich wenig für ihn und seine Probleme interessierten, gingen meine mit uns Kindern wie Freunde durch ( ).

1 dick und dünn
2 heiß und kalt
3 satt und fett
4 weit und breit

(4) Josef Müller sitzt seit 30 Jahren im Parlament und ist ein alter ( ).

1 Elefant
2 Hase
3 Igel
4 Vogel

(5) Anna strengte sich beim Joggen an, wollte schneller laufen, aber ihre Beine fühlten sich an wie aus ( ).

1 Blei
2 Eisen
3 Holz
4 Stein

3 *Lesen Sie den folgenden Text mit dem Titel „Zuerst die Seele und irgendwann die Politik" und lösen Sie die Aufgaben.*

„Kein Volk der Geschichte hat sich so unaufhörlich mit der eigenen Identität beschäftigt wie das deutsche" – so der erste Satz von Dieter Borchmeyers tausendseitiger Zusammenstellung dieser „unaufhörlichen" Identitätssuche, als deren letzte Anstrengung das Buch selbst gelten darf. Der Frage „Was ist deutsch?" versucht Borchmeyer nicht eine weitere Antwort hinzuzufügen; vielmehr referiert er alles, wirklich fast alles, was wörtlich und ausdrücklich an Antworten auf diese Frage gegeben worden ist.

Die Identitätssuche hat einen ethnologischen Anfang: Die Stämme, die in dem Land, das noch nicht Deutschland war, zerstreut lebten, aber ihre Dialekte verstanden, fanden einen Begriff, der ihnen erlaubte, sich als Einheit zu fassen. Das althochdeutsche „thioda" = „Volk" ist der etymologische Ursprung des Wortes „tiudisc" = „deutsch". Das Wort, das nicht einmal einen Stamm bezeichnet, sondern eine Sprachfamilie, machte eine Gemeinsamkeit erdenklich, wo noch lange keine politische Einheit war. Das Vorrecht des Sprachlichen vor dem Tatsächlichen, des Gedankens vor der Politik (a)charakterisiert seither und bis ins zwanzigste Jahrhundert deutsches Selbstverständnis, es diktiert auch Stil und Richtung dessen, was Dieter Borchmeyer an Texten versammelt.

Das Buch enthält eine lückenlose Geschichte all jener Gedanken, mit denen das Wort „tiudisc" aufgefüllt wurde. Es ist eine Wort- und Geistesgeschichte, die nur ausdrückliche Definitionen und Bekenntnisse wiedergibt, von Tacitus angefangen bis zu jüngsten Publikationen, wie etwa Marina und Herfried Münklers Buch über „Die neuen Deutschen". Da Deutschland bis 1871 warten musste, um ein einheitlicher Staat zu werden, deuteten die Interpreten des „Deutschen", von Goethe bis Thomas Mann, den Mangel als Gewinn: (b)Deutsch sei der Vorrang der Kultur gegenüber der Politik, der Vorzug provinzieller Vielfalt gegenüber der Konzentration in einer Metropole, das Verständnis für das Fremde, Vergangene und Abgelegene. Deutsch sei vor allem das Übergewicht der Seele gegenüber Verstand und Geschäft. Tragischerweise schlagen diese Tugenden nach 1871 unter dem Schlachtruf des „Deutschen" in einen besinnungslosen Nationalismus um.

(c)Nun könnte man sich aber auch Disziplinen vorstellen, die anders als durchs Wort zur Selbstfindung beigetragen haben, etwa ein „gemaltes" Deutschland, man denke an Overbecks* „Germania und Italia" oder an die Nazarener überhaupt: auch das Deutschland des Turnvaters Friedrich Ludwig Jahn (1778-1852) wäre genauer zu betrachten, da er die Sportbegeisterung erfunden hat, die die Deutschen bis heute verbindet. Man könnte sich sogar ein „gelebtes" Deutschland vorstellen, etwa die touristische Wallfahrt der Deutschen nach dem Zweiten Weltkrieg zu Ferienorten in Bayern oder die Liebe zur gerade wieder frischerblühten Dirndlmode, die Mädchen und gereifte Damen von Stuttgart bis Berlin vereint.

Borchmeyer jedoch beobachtet nicht, er referiert und kompiliert die Geschichte von Wort und Gedanke. Sein Buch nimmt den Leser bei der Hand und führt ihn einen Bücherschrank entlang, in dem historisch geordnet steht, wer je sich mit dem Thema befasst hat. (d)Der Lehrer greift sich das eine oder andere Werk, um es bei den Kernsätzen, die er sofort zu finden weiß, aufzuschlagen und diese zu zitieren.

Kenntnis und Neigung des Literaturwissenschaftlers Borchmeyer führen ihn vor allem zu den deutschen Dichtern und Philosophen seit dem achtzehnten Jahrhundert, jener Zeit, da die „Nationen" erst gefunden, wenn nicht gar erfunden wurden. Frankreich ging mit der Revolution von 1789 voraus, die anderen europäischen (e)Nationen, bis dahin nur Herrschaftsgebiete, streben ihm, je später, desto leidenschaftlicher, nach. Bedeutende Autoren – Goethe, Schiller, Fichte, Hegel, Heine, Nietzsche, Thomas Mann, Brecht – beteiligen sich am Entwurf eines Ideals ebenso wie an der Kritik der Realität einer deutschen Nation.

Der Vorzug von Borchmeyers Arbeit ist die Genauigkeit des Referats und die Zuverlässigkeit, mit der er das Gewicht der Aussagen wägt, um sie am rechten Ort zu präsentieren. Etwa ein Viertel des Buches besteht aus gut gewählten Zitaten. Den Leser wandelt bei der Lektüre gelegentlich ein Zweifel an, ob es Borchmeyer denn gelingen werde, noch weitere Variationen von Verben zu finden, die die Zitate einführen, nachdem er fast alle verbraucht hat: „sagt er", „schrieb er dann", „wie er erwähnt", „wie er hervorhebt", „antwortet er", „dazu bemerkt er", „stellt er fest", „so hat er geäußert", „er macht darauf aufmerksam". Gerade ob solcher Mühseligkeit belegt die Menge der Zitate ein weiteres Mal die These des Buches, dass die Deutschen sich übers Wort definieren.

*Johann Friedrich Overbeck (1789-1869)

I *Wählen Sie die geeignetste Umschreibung für die unterstrichenen Teile des Textes (a) und (e) aus. Tragen Sie die passende Nummer in den jeweiligen Antwortkasten ein.*

(a) 1 kennzeichnet bis zu Beginn des zwanzigsten Jahrhunderts das Selbstverständnis der Deutschen
    2 verrät uns bis zu Beginn des zwanzigsten Jahrhunderts das Selbstverständnis der Deutschen
    3 erklärt das Selbstverständnis der Deutschen noch im zwanzigsten Jahrhundert
    4 stellen die Deutschen nur vor dem zwanzigsten Jahrhundert als ihren Charakter dar

(e) 1 Herrschaftsgebiete, die sich als Nationen etabliert haben, streben umso leidenschaftlicher nach einer Revolution.
    2 Herrschaftsgebiete, die später als andere zu Nationen werden, streben umso leidenschaftlicher Frankreich nach.
    3 Herrschaftsgebiete, die sich später für die Etablierung als solche einsetzten, streben weniger leidenschaftlich danach.
    4 Herrschaftsgebiete, die bis zu dieser Zeit noch keine Nationen waren, setzten sich für die Befreiung von der französischen Herrschaft leidenschaftlich ein.

II *Wählen Sie eine Interpretation des unterstrichenen Teils (c) und (d). Tragen Sie die passende Nummer in den jeweiligen Antwortkasten ein.*

(c) 1 Man kann sich außer Worten nur schwer etwas vorstellen, was zur Selbstfindung beigetragen haben könnte: Gemälde werden prinzipiell ausgeschlossen.
2 Man kann sich schwer vorstellen, wie ein Gemälde von Deutschland aussehen sollte. Eine Darstellung gelingt aber durch Worte.
3 Es sind nicht nur Worte, sondern auch andere Disziplinen vorstellbar, die zur Selbstfindung beigetragen haben, wie zum Beispiel die Malerei.
4 Weder sprachliche noch malerische Darstellungen haben zur Selbstfindung der Deutschen beigetragen.

(d) 1 Borchmeyer berichtet, in Deutschland greifen die Lehrer bei der Bibliotheksführung die Schüler, um sie zu den Kernsätzen zu bringen, damit sie sie sofort zitieren können, ohne fehlzuschlagen.
2 Borchmeyer nimmt beliebige Bücher zur Hand, schlägt sie auf und findet sofort die Kernsätze, die er seinen Schülern vorliest.
3 Bei den von Borchmeyer veranstalteten Lesungen in seiner Bibliothek zeigt der Lehrer, wie leicht er ein passendes Buch aus seinem Schrank holen kann, um gleich die Kernsätze daraus zitieren zu können.
4 In Borchmeyers Buch werden Kernsätze aus mehreren Werken zitiert, und er zeigt, wie gut er sich dabei auskennt, aus welchem Buch was zu zitieren ist.

III *Übersetzen Sie die unterstrichene Stelle (b) ins Japanische.*

4 *Lesen Sie den folgenden Interview-Text und lösen Sie die Aufgabe.*

Der Regisseur Werner Schuessler hat beobachtet, unter welch abenteuerlichen Umständen Tierfilme gedreht werden – und wie naturfern sie oft sind.

SPIEGEL:	Was hat Sie an Tierfilmern so fasziniert?
Schuessler:	Das sind Besessene, Getriebene. Jan Haft, einer der erfolgreichsten deutschen Tierfilmer, sagt von sich selbst: „Ich habe einen Naturknall seit frühester Kindheit." (**a**)
SPIEGEL:	Warten die Filmemacher wirklich nur darauf, dass im richtigen Moment die gesuchten Tiere auftauchen? Oder helfen sie der Natur auch auf die Sprünge?
Schuessler:	Sie können in der Tat nicht unbegrenzt warten, bis ein scheuer Schneeleopard ihren Weg kreuzt. Das lassen Zeitplan und Budget der Produktionen oft nicht zu. Eine ganz bestimmte Haiart im Meer zu treffen, wie es der junge Kanadier Rob Stewart versucht, grenzt an einen Sechser im Lotto. Da muss man gelegentlich nachhelfen und etwa die Tigerhaie mit Ködern anlocken.
SPIEGEL:	Wie groß ist der Zwang, immer neue, spektakuläre Szenen einzufangen – oder sich solche einfallen zu lassen?
Schuessler:	(**b**)
SPIEGEL:	Zeigt das überhaupt noch reale Natur?
Schuessler:	So etwas ist schon ein Sonderfall. (**c**) Jan Haft sagt: „Was ich draußen filmen kann, filme ich draußen." Nur wenn das nicht geht, überlegt er sich etwas. Die Geburt eines wilden Fuchses kann man leider nicht in der Natur filmen, das Muttertier würde wegen der Störung vorher den Bau verlassen. (**d**) So nah dran wie möglich.
SPIEGEL:	Wie sehr manipulieren Tierfilmer, um möglichst schöne Bilder von scheinbar unberührter Natur zu zeigen?
Schuessler:	Einer der ökologischen Vorreiter im Naturfilm, der Kalifornier Mark Shelley, sagt, dass es vom Menschen unberührte Wildnis gar nicht mehr gebe. Selbst ein Nationalpark sei nichts anderes als ein riesiger Zoo: Um das Krüger-Schutzgebiet in Afrika steht ein Zaun. Da filmt man eine Herde Elefanten – und würde man mit der Kamera nach rechts schwenken, könnte man einen Bus Touristen sehen, die das Gleiche tun. Ein anderes Beispiel: Hinter dem Lebensraum von Mark Shelleys Seeottern stand ein riesiges Kraftwerk. (**e**)
SPIEGEL:	Woher kommt der Zwang, nur die heile Welt zu präsentieren?
Schuessler:	(**f**)
SPIEGEL:	Stört das die Regisseure nicht?
Schuessler:	Doch. Viele von ihnen sagen, dass sie nicht die Filme machen können, die sie gern machen würden. Dass sie Kompromisse für den Publikumsgeschmack eingehen müssen. (**g**)
SPIEGEL:	Mit welchen Schwierigkeiten haben sie noch zu kämpfen?

Schuessler: Auch Bürokratie und Korruption sind ein ewiges Thema. (**h**) Außerdem setzen die Regisseure häufig ihre Gesundheit aufs Spiel, halten sich in entlegenen Regionen mit schlechter medizinischer Versorgung auf.

SPIEGEL: Wird man als Tierfilmer reich?

Schuessler: Vielleicht wenn man die „Reise der Pinguine" dreht und international ein Massenpublikum erreicht. Aber diesen Film würde ich eher als Familienfilm bezeichnen, weil die Pinguine darin vermeintlich sprechen können. Für die meisten ist das Geschäft hart, manche Projekte dauern viele Jahre. Jan Haft wollte voriges Jahr bei Usedom auf der zugefrorenen Ostsee drehen. Doch sie fror einfach nicht zu. Also heißt es: wieder ein Jahr warten. Reich wird man mit Tierfilmen nicht. Aber glücklich.

*Aufgabe: Was passt in die Leerstellen (**a**) bis (**h**)? Tragen Sie die Nummern der geeignetsten Aussagen in die Antwortkästen ein.*

1 So entsteht also keine reine Naturbeobachtung – aber eine naturgleiche Beobachtung.

2 Wer erfolgreich bleiben will, ist da schon herausgefordert. Jan Haft war der Erste, der eine Fuchsgeburt zeigen konnte. Er hat den Bau einer zahmen Füchsin an sein eigenes Haus gesetzt und die Geburt durch eine Glaswand mit der Kamera gefilmt.

3 Die Kunst liegt dann darin, diese Vorgaben zu erfüllen und sich selbst treu zu bleiben.

4 Für meinen Film ziehe ich den Zoom auf und zeige das. In einem Naturfilm will das aber keiner sehen.

5 Um Seeadler zu beobachten, absolvierte er extra eine Baumkletterausbildung und baute mitten im Winter in 28 Meter Höhe Verstecke für seine Kameras – in der vagen Hoffnung, dass sich im folgenden Frühjahr in einem der Adlerhorste ein Pärchen niederlässt.

6 Das Erteilen von Drehgenehmigungen in Afrika, Indien und sogar in den USA ist ein Abenteuer.

7 Viele Produktionen werden zur besten Sendezeit gezeigt. Dann wollen die Menschen das Große, Schöne, Erhabene der Natur sehen. Und sich nicht mit ernüchternden Realitäten auseinandersetzen.

8 Die Regisseure, mit denen ich zusammengearbeitet habe, haben alle sehr hohe moralische Standards. Sie wollen nicht einfach nur schöne Tiere zeigen. Sie wollen das, was sie zeigen, bewahren und retten.

5 Lesen Sie den folgenden Text und lösen Sie die Aufgabe.

Groß, breit, lang ... Warum unterscheiden sich die Nasen-Formen zwischen Menschen verschiedener Herkunft in typischer Weise? Einer Studie zufolge hat das Klima, in dem sich eine Menschengruppe ursprünglich entwickelt hat, die Merkmale der Nase geprägt. In der Regel gilt demnach: Breite Nasen sind typisch für warm-feuchte Klimazonen, während schmalere Nasen häufiger in kalt-trockenen Klimazonen entstanden sind.

Südeuropäer sehen bekanntlich anders aus als Menschen aus dem Norden. Eurasier, Asiaten und Afrikaner unterscheiden sich sowieso: Menschen verschiedener Herkunft haben bestimmte typische Merkmale – das gilt auch für die Form ihrer Nasen. Dieser Unterschied könnte sich in den Populationen im Laufe der Zeit als genetischer Drift entwickelt haben. Es handelt sich dabei um einen Prozess der Merkmalsveränderung, der zufällig erfolgt. Allerdings könnte auch natürliche Selektion verantwortlich gewesen sein: Bestimmte Merkmale waren in der jeweiligen Umwelt vorteilhaft und verschafften ihren Trägern dadurch letztlich mehr Nachkommen. Die Forscher um Mark Shriver von der Pennsylvania State University in State College sind nun der Frage nachgegangen, welche der beiden möglichen Prozesse eher die Entwicklung der Nasen-Formen geprägt hat.

„Wir interessieren uns für die jüngste menschliche Evolution und was den Variationen bei Hautfarbe, Haarfarbe und den Merkmalen des Gesichts zu Grunde lag", sagt Shriver. „In dieser Studie haben wir uns auf den möglichen Zusammenhang zwischen Nasenmerkmalen und der geographischen Variation in Bezug auf Temperatur und Feuchtigkeit konzentriert. Denn eine wichtige Funktion der Nase und der Nasenhöhle ist es, die Luft anzupassen, bevor sie die unteren Atemwege erreicht", erklärt Shriver.

Für ihre Untersuchung führten sie eine Vielzahl von Nasenmessungen bei Menschen durch, deren Wurzeln in unterschiedlichen Regionen der Erde liegen. Sie erfassten beispielsweise die durchschnittliche Breite der Nasenlöcher, den Abstand zwischen den Löchern, die Nasenrückenlänge und so weiter. Die Messungen wurden mittels 3D-Gesichtsbildgebung durchgeführt.

In den Auswertungen der Ergebnisse zeichnete sich ab: Die Größe der Nasenlöcher und die Breite der Nase war zwischen den unterschiedlichen Populationen ausgeprägter, als es durch genetischen Drift erklärbar wäre. Dies deutet den Forschern zufolge klar auf einen Effekt der natürlichen Selektion bei der Evolution der Nasenformen beim Menschen hin. Um zu zeigen, dass das lokale Klima zu diesem Unterschied beigetragen hat, untersuchten die Forscher die räumliche Verteilung dieser Eigenschaften und korrelierten sie mit den lokalen Temperaturen und der Feuchtigkeit. Dabei wurde deutlich, dass die Breite der Nasenlöcher stark mit der Temperatur und der absoluten Feuchtigkeit verknüpft ist.

Wie die Forscher erklären, erscheint der Zusammenhang durchaus plausibel: Die Aufgabe der Nase ist es, inhalierte Luft durch den Kontakt mit der Schleimhaut warm und feucht zu machen. Schmale Nasenlöcher sind dabei effektiver. Wahrscheinlich war dieses Merkmal in kaltem und trockenem Klima so wichtig, dass es zu Selektionsprozessen kam, sagt Shriver. Konkret: Menschen mit schmaleren Nasenlöchern überlebten etwas besser in den kälteren Klimazonen und hatten somit mehr Nachkommen als Menschen mit breiteren Nasenlöchern. Dies führt zu einer allmählichen Abnahme der Nasenbreite in Populationen, die weit weg vom Äquator leben, so die Erklärung.

Den Forschern zufolge könnte allerdings noch ein zweiter Effekt hinzugekommen sein: Die sexuelle Selektion. Menschen bestimmter Populationen könnten kleinere beziehungsweise größere Nasen als attraktiv empfunden haben. Im Laufe der Zeit hat sich die Nasengröße dadurch ebenfalls angepasst. Die Vorstellungen von Schönheit könnten allerdings wiederum auch damit verknüpft gewesen sein, wie gut die Nasenform an das jeweilige lokale Klima angepasst war. Weitere Untersuchungen könnten nun der Frage nachgehen, ob sich natürliche Selektion und sexuelle Auswahl im Fall der Nase gegenseitig verstärkt haben, sagen die Forscher.

Aufgabe: Welche der folgenden Aussagen 1 bis 9 entsprechen dem Inhalt des Textes? Wählen Sie die vier Aussagen aus und tragen Sie die Nummern in die Antwortkästen ein.

1 Die Form der Nase ist das einzige Merkmal, das Europäer, Eurasier, Asiaten und Afrikaner unterscheidet.

2 Mark Shriver wollte zeigen, welcher Faktor für die Entwicklung der Nasenform verantwortlich ist.

3 Menschen mit Merkmalen, die in der jeweiligen Umwelt vorteilhaft waren, bekamen mehr Kinder.

4 Die Nase verhindert, dass die Luft unmittelbar in die unteren Atemwege gelangt.

5 Die Forscher um Mark Shriver haben gezeigt, dass die Form der Nase nur durch zufällige genetische Merkmalveränderung beeinflusst wird.

6 Um die Rolle des Klimas in der Selektion nachzuweisen, untersuchte das Team, wie und in welcher Kombination optische Merkmale geografisch verteilt sind, und verglichen diese Erkenntnisse mit den örtlichen Temperaturen und der Luftfeuchtigkeit.

7 Viel deutet darauf hin, dass breitere Nasen häufiger in trockeneren, wärmeren Klimazonen und schmälere öfter in kälteren und feuchten Gebieten vorkommen.

8 Mark Shriver hebt hervor, dass das Klima der einzige Einflussfaktor für die Evolution der Riechorgane im Gesicht ist.

9 Offenbar gibt es keine Verbindung zwischen der sexuellen Anziehung und der Anpassung an das Klima.

6 *Lesen Sie den folgenden Text und lösen Sie die Aufgaben.*

Im Dezember vergangenen Jahres wurden die neuesten Pisa-Ergebnisse publiziert. Da die Resultate in Deutschland aber fast dieselben waren wie im Jahr 2012, hielt sich das Medienecho in (**a**). Dabei enthält die neue Pisa-Studie durchaus interessante Ergebnisse.

Schwerpunktthema waren diesmal die Naturwissenschaften. Dort werden die Leistungen der Schüler als besonders wichtig erachtet, denn „in einer Welt massiver Informationsströme und rapider Veränderungen muss jeder in der Lage sein, wie ein Naturwissenschaftler zu denken". So steht das zumindest im Vorwort zur neuen Pisa-Studie. Doch leider interessieren sich immer weniger Schüler und noch weniger Schülerinnen für Naturwissenschaften, und es (**b**) ein Mangel an Studierenden in vielen Ingenieurfächern. Also wird seit Jahren versucht, vor allem die Mädchen für naturwissenschaftliche Fächer zu begeistern und so auch ihre Leistung zu verbessern.

Klappt das wirklich? Die Pisa-Studie gibt auf diese Frage eine wohl eher ungewollte Antwort: Nein!

Um herauszufinden, wie es um die Motivation von Jungen und Mädchen bestellt ist, hat die Studie die „Freude am naturwissenschaftlichen Lernen" abgefragt. Die Ergebnisse zeigen, dass diese für die bei Pisa gemessenen Leistungen keine große Bedeutung besitzt. Stark ausgeprägt ist die Freude zwar in Singapur, dem Land mit den besten Ergebnissen. Doch in Japan, das hinter Singapur an zweiter Stelle liegt, ist es umgekehrt. (**c**) Ähnlich ist es in Deutschland und den Niederlanden.

Generell wird die Leistung durch ganz andere Faktoren beeinflusst. Wichtig sind vor allem die sozioökonomische Herkunft und das Geschlecht. Wer aus einem begüterten oder gebildeten Elternhaus kommt, erzielt im Durchschnitt deutlich bessere Leistungen als jemand aus einem ärmeren oder bildungsfernen Haushalt. Das war schon immer so.

Hier offenbart sich ein fundamentales Dilemma der Bildungspolitik: Dort, wo der Staat einen Einfluss hat, nämlich bei der Organisation und Gestaltung der Schulen, ist die Wirkung auf die Schulleistungen (**d**). Auch die neueste Pisa-Studie zeigt, dass weder der Schultyp (privat oder öffentlich, Gesamtschule oder nicht) noch das Ausmaß an vorschulischen Angeboten einen Einfluss hat. Die größte Wirkung lässt sich über Schuldisziplin (Schwänzen nicht erlaubt!) und gute Lehrer erzielen, die auf Bedürfnisse und Fähigkeiten der Schüler (**e**).

Wirklich groß wäre der Einfluss des Staates, wenn er „Bildungsnähe" innerhalb der Familien selbst vermitteln könnte. (f)<u>Deren Privatsphäre ist aber weitgehend unantastbar, die Erziehung in den eigenen vier Wänden den Eltern überlassen – zum Glück.</u> Die Alternative wäre nämlich nichts anderes als ein modernes Sparta, wo der Staat die Kinder konfisziert, um sie „richtig" und „leistungsgerecht" zu sozialisieren.

Hartnäckig hält sich auch der Unterschied zwischen Mädchen und Jungen, was die Leistung in Mathematik und in abgeschwächter Form in den Naturwissenschaften betrifft. Was hat man nicht schon alles versucht, um Mädchen dafür zu begeistern, ohne dass diesen Kampagnen der geringste Erfolg beschieden war. Also trauten sich Mädchen in den Naturwissenschaften noch immer nicht genug zu. Als ob man geringe Leistungen einfach auf mangelndes Selbstvertrauen zurückführen könnte und nur das

Vertrauen der Mädchen in ihre Leistungsfähigkeit fördern müsste, damit sie die gleichen Leistungen wie die Jungen erzielen.
   Doch die Pisa-Studien selbst zeigen, dass das ein Ammenmärchen ist. Mädchen haben einfach weniger Lust auf Mathematik und Naturwissenschaften, und das ist ihr gutes Recht. Seit seiner Einführung im Jahr 2000 hat der Pisa-Test die Unterschiede in Leistung und Interessen zwischen Mädchen und Jungen jedes Mal wieder aufs Neue bewiesen. Er zeigt: (**g**) Entsprechende Kampagnen kann man sich sparen.

Aufgaben:

I *Wählen Sie für die Leerstellen (* **a** *), (* **b** *), (* **d** *) und (* **e** *) von den Kombinationen* **1** *bis* **4** *die passende aus. Tragen Sie die entsprechende Nummer in den Antwortkasten ein.*

   (**a**)   (**b**)   (**d**)   (**e**)
1 Sperren   − besteht   − niedrig   − ausgehen
2 Rahmen   − gilt   − schwach   − zurückgehen
3 Grenzen   − herrscht   − gering   − eingehen
4 Schranken   − kommt   − wenig   − zugehen

II *Wählen Sie für die Leerstelle (* **c** *) von* **1** *bis* **4** *den geeignetsten Satz aus. Tragen Sie die entsprechende Nummer in den Antwortkasten ein.*

1 Die Schüler dort haben eine augenfällig große Lust auf Naturwissenschaften. Trotzdem sind ihre Leistungen im entsprechenden Pisa-Test zweitklassig.
2 Die Schüler geben sich immer mehr Mühe im Mathematikunterricht, weil es dort Berufe im naturwissenschaftlichen Bereich sind, die zu den bestbezahlten Karrieren führen.
3 Da an den Universitäten dort vor allem geistes- und sozialwissenschaftliche Fächer beliebt sind, steht Japan laut einer aktuellen Studie schlechter in Mathematik da als andere Länder.
4 Dort ist die Lust am Besuch des naturwissenschaftlichen Unterrichts ausgesprochen gering, trotz ausgezeichneter Leistungen.

III *Welche der Aussagen* **1** *bis* **4** *passt zur unterstrichenen Stelle (* **f** *)? Tragen Sie die entsprechende Nummer in den Antwortkasten ein.*

  1 Der Staat hat keinen Einfluss auf die Familie, weil die Privatsphäre glücklicherweise geschützt wird, und die Eltern ihre Kinder ganz frei erziehen können.
  2 In einem glücklichen und gebildeten Elternhaus können die Kinder auch zu Hause lernen. Deshalb beeinflusst die Bildungspolitik die Leistungen nur wenig.
  3 Dass die begüterten und gebildeten Eltern meistens ihre glücklichen Kinder verwöhnen, behindert die staatliche Bildungspolitik zur Verbesserung der Schulleistungen.
  4 Um ein glückliches Leben mit ihren Kindern zu führen, sollten die Eltern ihre Kinder zu Hause nicht nur frei spielen, sondern auch fleißig lernen lassen.

IV *Wählen Sie für die Leerstelle (* **g** *) von* **1** *bis* **4** *den geeignetsten Satz aus. Tragen Sie die entsprechende Nummer in den Antwortkasten ein.*

  1 Die Leistungen variieren bei Jungen stärker als bei Mädchen und es gibt mehr mathematisch unbegabte Jungen.
  2 Eltern tragen dazu bei, dass das Interesse für Mathematik und Naturwissenschaften bei Mädchen und Jungen so unterschiedlich ausgeprägt ist.
  3 Freude an Naturwissenschaften und Technik lässt sich nicht künstlich herbeizüchten.
  4 Bei den Naturwissenschaften ist es möglich, dass auch eine bessere Förderung der Mädchen zu dem kleiner werdenden Unterschied beigetragen hat.

V *Welcher Titel eignet sich für diesen Text? Wählen Sie von* **1** *bis* **4** *den passenden aus. Tragen Sie die entsprechende Nummer in den Antwortkasten ein.*

  1 Lasst die Mädchen bitte nicht mit Mathe alleine
  2 Lasst die Mädchen doch mit Mathe in Ruhe
  3 Lasst die Mädchen noch mehr Mathe lernen
  4 Lasst die Mädchen spielerisch Mathe lernen

7 *Übersetzen Sie den folgenden Text ins Deutsche.*

　西欧の諸都市，とりわけイタリアの街には魅力的な広場が数多くあります。政治，宗教，商業，祝祭といった共同体に必要な社会的機能を担う広場は，市民の生活に欠かせないものとなっています。そのような〈公〉の空間としての広場は，日本の都市がついに持ち得なかったものです。

　かといって日本に人の集まる場所がなかったわけではなく，西欧の広場に代わる戸外空間としては路地，神社の境内，橋のたもとなどがあります。

1級 2017年度 冬期 ドイツ語技能検定試験

筆記試験 解答用紙

7

2017年度 冬期 ドイツ語技能検定試験
１級
聞き取り試験　解答の手引き
（試験時間　約 45 分）

> 出題は新しい正書法（単語のつづり方などに関する規則）に従います。

―――― 注　　意 ――――

■受験票と机の上の受験番号が同じであることを確認してください。
■携帯電話，スマートフォン，スマートウォッチ等の電子機器類は電源を切り，カバン等にしまってください。机の上に置いてはいけません。
■中途退場は認めません。

① 指示があるまでページを開いてはいけません。
② 聞き取り試験は 2 部から成り立っています。
③ 試験監督者の指示に従って，解答用紙の所定の欄に，受験番号・氏名を記入してください。
④ 放送の指示でページを開き，解答のしかたをよく読んでください。解答のしかたと選択肢などが，2〜3 ページに示されています。
⑤ 解答は黒の HB の鉛筆で強めに記入してください。
　書き直す場合には，消しゴムできれいに消してから記入してください。
⑥ **解答はすべて試験時間内に解答用紙の指定された箇所に記入してください。**
⑦ 記入する数字は，下記の見本に従って書いてください。

■試験が終わっても，指示があるまで席を立たないでください。
■解答用紙は持ち帰ってはいけません。
■この問題冊子の無断転載，無断複製を禁じます。

B
CD 5

―――――― **Erster Teil** ――――――

1. Lesen Sie zuerst die fünf Fragen von (**A**) bis (**E**) zu einem Interview mit Daniela Schadt, der Lebensgefährtin des ehemaligen Präsidenten der Bundesrepublik Deutschland, Joachim Gauck. Das Interview wurde im Schloss Bellevue, dem Sitz des Bundespräsidialamts, geführt, kurz bevor Joachim Gauck aus dem Präsidentenamt ausschied.
2. Nach zwei Minuten hören Sie dann das Interview. Sie können sich beim Hören Notizen machen.
3. Hören Sie danach vier Antworten zu jeder Frage. Wählen Sie von **1** bis **4** eine geeignete Antwort aus und tragen Sie die Nummer in den entsprechenden Antwortkasten ein.
4. Nach einer Minute hören Sie das Interview, die Fragen und die Antworten noch einmal.
5. Nach 30 Sekunden endet der erste Teil des Hörverstehens.

(**A**) Wie gestaltete sich das Privatleben von Daniela Schadt?
     1   2
     3   4

(**B**) Was hat Daniela Schadt während der Amtszeit von Joachim Gauck gemacht?
     1   2
     3   4

(**C**) Was ist Daniela Schadt während der Amtszeit von Joachim Gauck als Bundespräsident klar geworden?
     1   2
     3   4

(**D**) Was für eine gesellschaftliche Entwicklung wünscht sich Daniela Schadt?
     1   2
     3   4

(**E**) Was denkt Daniela Schadt über die Stimmung in der Bevölkerung?
     1   2
     3   4

Zweiter Teil

1. Lesen Sie zuerst die Aussagen **1** bis **9**. Nach drei Minuten hören Sie dann einen Text. Sie können sich beim Hören Notizen machen.
2. Welche der Aussagen **1** bis **9** entsprechen dem Inhalt des Textes? Wählen Sie die vier passenden Aussagen aus und tragen Sie die Nummern in die Antwortkästen ein. Nach einer Minute hören Sie den Text noch einmal.
3. Zwei Minuten nach dem zweiten Hören wird das Ende der Prüfung angesagt. Bitte bleiben Sie so lange sitzen, bis die Antwortblätter eingesammelt worden sind.

1 In diesem Sommer wurden auf dem Mosaik, das den Boden der Villa Romana del Casale auf Sizilien schmückt, mehr als 1600 Frauenfiguren, die Zweiteiler tragen, entdeckt.

2 Es brachte den Römer aus einer vornehmen Familie um seine Ehre, wenn seine Frau knapp gekleidet in der Öffentlichkeit auftrat.

3 Die „Bikini-Mädchen" auf dem Mosaik waren in Wirklichkeit junge Aristokraten, die statt der militärischen Ausbildung Sport trieben.

4 In der römischen Zeit durften Frauen keinen Sport treiben, aber sie konnten im abgeschlossenen Raum sportlichen Wettkämpfen zusehen.

5 Auch einfache Bürger besuchten regelmäßig die Thermen, um ihre Kultiviertheit auszudrücken.

6 Der römische Philosoph Seneca freute sich über den Lärm der Frauen, die um ihn herum in der Therme Sport trieben.

7 Die Körper der „Bikini-Mädchen" ließen einige Forscher vermuten, dass sie keine echten Sportlerinnen waren.

8 Die Zuschauer in der Therme hatten vor den „Bikini-Mädchen" größte Hochachtung, denn sie trieben Sport wie Profis ebenso wie Tänzerinnen und Schauspielerinnen.

9 Der Historiker Martin Dolch vermutete, dass die Darstellung der Frauen auf dem Mosaik als Vorlage für ein Fitness-Programm diente.

1級

2017年度 冬期 ドイツ語技能検定試験
聞き取り試験 解答用紙

受験番号: 17W☐☐☐☐
氏名:

手書き数字見本: 0 1 2 3 4 5 6 7 8 9

【Erster Teil】

(A) ☐ (B) ☐ (C) ☐ (D) ☐ (E) ☐

【Zweiter Teil】

☐ ☐ ☐ ☐

2017年度「独検」二次試験

(2018年1月28日実施)

1級の受験者へ
Höchststufe

1) 口述試験は，一人ずつ個別に行われます。

2) 控室に掲示してある「試験室別・面接順の受験者一覧」で，
   自分が「どの試験室の何番目」かを確認してください。
   ◆控え室入室後の携帯電話の電源はお切りください。
   ◆控え室入室後から試験終了まで，あらゆるモバイル（＝通信可能な機器）の使用は不正行為とみなします。

3) 係員が試験室へ案内するまで控室で待機してください。

4) 試験室の中からの「次の方どうぞ」という指示で，入室してください。
   ◆前の受験者が出て来ても，指示があるまで入室してはいけません。

5) 氏名・受験番号の確認のあと，»Themenliste« が提示されます。
   その中からテーマを一つ選び，3分間で，選んだテーマについて述べるべきことを考えてください。メモを取ることは認めません。
   3分後，»Themenliste« は回収されます。そのあとは面接委員の指示に従い，そのテーマについてドイツ語で意見を述べてください。試問はそれをめぐる質疑応答の形で進められます。

6) 一人当たりの試験時間は，最初の3分を含めて約13分です。

7) 試験終了後は，控室に戻ることはできません。
   ◆手回り品はつねに持ち歩くようにしてください。

【注意】
合格証書や合格証明書に印字される氏名の漢字・ローマ字表記は，二次試験案内に記載されたものと同じになります。
住所変更も含めて訂正のある方は，至急直接独検事務局に連絡してください。

結果は2月中旬頃発送の予定です。
成績についての問い合わせにはお答えできません。

Diplom deutsch in Japan — Mündliche Prüfung fur die Höchststufe (1級)
28. Januar 2018

Nehmen Sie Stellung zu einem der folgenden Themen und begründen Sie Ihre Meinung:

1. **Lieber ein guter Nachbar als ein ferner Freund**
   Während wir uns in Online-Communitys täglich mit fremden Personen über Interessen und Hobbys austauschen, ist es längst keine Selbstverständlichkeit mehr, den eigenen Nachbarn auf der Straße zu grüßen. Dabei gilt nach einem niederländischen Sprichwort: „Lieber ein guter Nachbar als ein ferner Freund". Gute nachbarschaftliche Verbindungen sind nicht nur eine Hilfe bei Notfällen aller Art, sondern bieten auch menschliche Kontakte, aus denen sich sogar Freundschaften entwickeln können. Auf der anderen Seite schränken zu neugierige Nachbarn unsere Privatsphäre ein. Welche Bedeutung haben Nachbarn für Sie?

2. **Fitness mit dem Smartphone**
   „Wie viele Minuten war ich heute sportlich aktiv?" „Wie viele Kalorien habe ich verbraucht?" Wenn Sie sich solche Fragen stellen, folgen Sie ganz dem aktuellen Trend, die körperliche Leistung zu beobachten und zu verbessern. Leicht machen es einem dabei Handys und Armbänder, mit denen man z.B. den Herzschlag messen kann. Die Ergebnisse teilt man am besten gleich im digitalen Freundeskreis und holt sich dort auch die Tagesportion Lob oder Aufmunterung. Was meinen Sie? Soll man sein Wohlbefinden von Messwerten abhängig machen?

3. **Eigentum oder Miete — Wie lebt es sich besser?**
   Ein eigenes Haus oder eine eigene Wohnung steht für viele Menschen auf der Liste der Lebensziele. Die Werbung lockt mit attraktiven Angeboten, und Banken versprechen günstige Kredite ohne Risiko. Als Mieter wiederum hat man die Möglichkeit, viel einfacher seinen

Wohnort zu wechseln, man muss sich nicht selbst um Reparaturen kümmern und kann auch freier über sein Einkommen verfügen. Soll man sich nun an eine Immobilie binden und hoffen, dass der Kauf sich als gute Investition herausstellt? Oder soll man doch lieber ein Haus oder eine Wohnung mieten und sich so Flexibilität und Freiheit bewahren?

4. „Falschnachrichten" — Kann man den Medien noch trauen?

Mithilfe des Internets kann man sich von überall und zu jeder Zeit über das Weltgeschehen informieren. Besonders brisante Meldungen werden gerne auch über soziale Netzwerke online geteilt. Sie verbreiten sich so schnell, dass es schwierig ist, die ursprüngliche Quelle festzustellen. Ebenso schwierig ist es, Informationen als vertrauenswürdig einzustufen. Schließlich kommt es auch vor, dass absichtlich „Falschnachrichten" („fake news") in Umlauf gebracht werden, um die Menschen zu verunsichern oder politisch zu beeinflussen. Wo informieren Sie sich über aktuelle Ereignisse und welchen Nachrichtenquellen vertrauen Sie?

冬期《1級》 ヒントと正解

【筆記試験】

1 慣用表現（言い替え）

正解 (1) 1 (2) 3 (3) 4 (4) 2 (5) 2

この問題は，慣用句に関する問題です。ドイツ語で書かれた図書や新聞・雑誌の記事にはさまざまな慣用句が使われます。また，日常会話の中で使われる慣用句も少なくありません。

(1) 問題文は，「将来の廃棄物処理の方法についての議論の過程で，過去数年にわたる市当局の無責任な決定が隠蔽された」という意味です。et^4 unter den Teppich kehren は，「～を隠蔽する」という意味の慣用句です。正解は選択肢 1 です。［正解率 70.59%］

(2) 問題文は，「病院に行って未知のウィルスに感染する危険性は否定できません。そのため，私たちは入口に消毒剤の瓶を置きました」という意味です。nicht von der Hand zu weisen sein という表現は「～を否定できない」という意味で使われます。手の上にあるものは，はっきり見ることができます。この表現はここから生まれた比喩的なものだと考えられています。正解は選択肢 3 です。選択肢 1 を選んだ解答が 24.37% ありました。［正解率 57.14%］

(3) 問題文は，「Walter は残業を断る権利があると主張してばかりだ。そのままにしておくわけにはいかない。私は上司としてはっきり言わないといけない」という意味です。Tacheles reden という表現は，「腹蔵なく言う」という意味ですが，もともとドイツや東欧で暮らしていたユダヤ人が話していたイディッシュ語に発する表現であると言われています。Tacheles という語は「目的」という意味であったようで，「目的にかなったことを言う」という意味から「腹蔵なく言う」という意味が生まれたのでしょう。正解は選択肢 4 です。この表現はなじみがない受験者が多かったのか，選択肢 3 を選んだ解答が 51.26% ありました。［正解率 36.13%］

(4) 問題文は，「アメリカ合衆国とロシアの間の外交関係の現状についてのご

質問には，準備なしでお答えすることはできません」という意味です。Stegreif は「あぶみ」という意味ですが，aus dem Stegreif という慣用句は「急に，準備なしで」という意味で用いられます。もともと，「馬から降りることなしに」という意味であった表現に由来する慣用句であると想像されています。正解は選択肢 **2** です。選択肢 **1** を選んだ解答が 32.35% ありました。問題文では質問に対して答えられること自体は否定されていないので，選択肢 **1** は不正解になります。[正解率 45.38%]

(**5**) 問題文は，「大金をかけて徹底的に改修した岸辺の家，買い手が見つかったんですか？ これで難関を突破したんですね」という意味です。ここで問題になっている aus dem Schneider sein という表現はドイツで盛んな「スカート (Skat)」というカードゲームから生まれた慣用句です。必要な得点の半分以下しか得られなかったプレイヤーが Schneider と呼ばれることに由来する表現であると言われています。このことから，「難しい状況を切り抜ける」という意味の aus dem Schneider sein という表現が生まれました。正解となるのは選択肢 **2** です。選択肢 **3** を選んだ解答が 41.60% ありました。[正解率 49.58%]

◇この問題は 20 点満点（配点 4 点×5）で，平均点は 10.35 点でした。

1 解説のまとめ

* 構成要素一つ一つの意味を理解していても慣用句全体の意味を誤解することがあります。慣用句に触れたら辞書を使って全体としての意味を調べる習慣をつけましょう。慣用句が成立した文化的背景がわかり，ドイツ語圏の文化に対する理解も深まるかも知れません。
* ドイツ語では，話し言葉でも遠回しに何かを表現するために慣用句が使われることが頻繁にあります。最近はドイツのテレビやラジオの討論番組をインターネットで視聴することが簡単になりました。そうした番組でドイツ語のネイティブスピーカー同士の会話に触れておくと自然なドイツ語の話し言葉で使われる表現に親しむことができるのでお勧めです。

2 慣用表現（空欄補充）

[正解] (1) **3**　(2) **4**　(3) **1**　(4) **2**　(5) **1**

空欄に慣用表現の一部となる適切な語句を入れる問題です。語句の基本的意味

や派生的に生じる比喩的意味，さらにその慣用的結びつきなどの総合的な知識が問われています。

(**1**)「署名した者が第三者にこの鍵をわたすことは，原則的に禁じられている」という意味です。正解は選択肢 **3** の untersagt で，jm et⁴ untersagen（〜に〜を禁じる）という構文で用いられます。zu 不定詞と結びついた Es ist untersagt, … zu …（〜することは禁じられている）という構文も可能です。選択肢 **4** の versagt を選んだ解答が 40.76% ありました。これは動詞 versagen（拒絶する）の過去分詞で，頼みや援助等を拒否する際に使います。選択肢 **1** の besagt は besagen（述べる，意味する），選択肢 **2** の entsagt は entsagen（欲望を抑える，あきらめる）の過去分詞です。問題文は，Unterzeichner（署名した者）という語からわかるように契約書の一文で，禁止事項を述べる文にするのが最も適切です。[正解率 35.71%]

(**2**)「今日多くの親は，思春期の間子どもたちを腫れものにでもさわるように扱う」という意味です。ここで用いられているのは「〜を腫れものにでもさわるように扱う」という意味の jn mit Samthandschuhen anfassen という表現です。選択肢は全て複数 3 格の形です。選択肢 **1** にある Federhandschuhen は「羽毛手袋」，選択肢 **2** にある Lederhandschuhen は「革手袋」，選択肢 **3** にある Panzerhandschuhen は「鎧手袋」という意味になりますが，これらの語では問題文に適切な表現を作ることができません。正解は「ビロードの手袋」を意味する選択肢 **4** の Samthandschuhen です。選択肢 **1** を選んだ解答が 40.34%，選択肢 **2** を選んだ解答が 31.09% ありました。[正解率 18.91%]

(**3**)「Michael の両親は，息子にも息子が抱える問題にもあまり関心を持たなかったが，うちの両親は友人のように私たちと苦楽を共にした」という意味です。正解は選択肢 **1** の dick und dünn です。mit jm durch dick und dünn gehen（〜と苦楽を共にする）という表現が使われています。他の選択肢では問題文に適切な慣用表現はできず，不正解になります。選択肢 **4** の weit und breit（見わたすかぎり）を選んだ解答が 36.55% ありました。[正解率 18.07%]

(**4**)「Josef Müller は 30 年前から議員を務めており，ベテランだ」という意味です。正解は選択肢 **2** の Hase です。ein alter Hase sein という表現は「ベテランである」という意味で使われます。年齢を重ねた野うさぎは猟師から巧みに逃れる術を心得ているからという説があります。他の選択肢では問題文の文脈にふさわしい表現を作ることができません。[正解率 38.66%]

(5)「Annaはジョギングに精を出し，もっと速く走ろうとしたが，脚は鉛でできているかのように重く感じられた」という意味です。正解は選択肢 **1** の Blei です。Blei は「鉛」で，Die Müdigkeit liegt mir wie Blei in den Gliedern.（私は疲れて手足が鉛のように重い）という表現などで使われます。問題文は Peter Stamm の小説の一節を参考にしています。選択肢 **2** の Eisen（鉄）は，wie aus Eisen sein（頑健である）という表現を作ります。選択肢 **3** の Holz（木）からは，aus Holz sein（木製である）という表現が生まれます。選択肢 **4** の Stein（石）は hart と組み合わせて，hart wie Stein（石のように硬い）という表現でよく使います。しかし，選択肢 **2**，選択肢 **3**，選択肢 **4** が問題文の空欄に入る表現はありません。選択肢 **4** を選んだ解答が 31.09% ありました。［正解率 26.05%］

◇この問題は 15 点満点（配点 3 点×5）で，平均点は 4.12 点でした。

2 解説のまとめ

* 慣用的な結びつきといっても，その語句が用いられるのには何らかの比喩的な要因や裏付けがあります。機械的に覚えるのではなく，基本的意味から派生する比喩的意味を理解し，典型的に使われる状況をイメージしながら例文とともに覚えていくのが，慣用句の知識を増やす早道です。
* 身体部位や動物は日常生活に身近であるため，しばしば慣用表現の素材となります。辞書などで確認する際には，関連する他の慣用句にも目を通す習慣をつけるとよいでしょう。

3 長文読解（文の書き替え・文の解釈）と独文和訳

正解　I　(a) 3　　(e) 2　　II　(c) 3　　(d) 4
　　　III　訳例：ドイツ的とは，政治よりも文化が，そして首都一極集中よりも地方の多様性が優位に立つことであり，また他なるもの，過去，周縁的なものへの理解であると言われていた。ドイツ的とは，何より理性やビジネスよりも精神が優位に立つことであると言われていた。こうした美徳は，悲劇的なことに 1871 年以降，「ドイツ的」というスローガンのもとで思慮のないナショナリズムへと急激に転じてしまう。

出典は 2017 年 3 月 11 日付《Frankfurter Allgemeine》紙に掲載された „Zuerst die Seele und irgendwann die Politik" です。出題にあたり，テキストの一部の語句を変更しました。これは新刊紹介記事で，2017年3月に刊行されたDieter Borchmeyer 著の《Was ist deutsch?》を論じたものです。大学で長いこと教鞭を執ってきた Borchmeyer 教授による，deutsch という概念が何を表すか考える一冊です。これは記事に書かれているように 1056 ページからなる著作で，含まれる引用の数の多さは著者が博覧強記の人であることを裏づけています。ドイツらしさとは何か，ドイツ文化とは何か，ドイツ人とは何かという問いかけがアクチュアルになったいま，注目される一冊です。

　この問題は，テキストの内容や文章の構造が正しく理解できているかどうかを問うことをねらいとしています。設問それぞれの意図は，問題 **I** が文章の言い替えで最も適切なものを選べるか，問題 **II** が文を適切に解釈できるか，問題 **III** が専門的なドイツ語の文章を正しくわかりやすい日本語に翻訳できるかです。

　内容：

　「ドイツ人ほど，自らのアイデンティティーに絶え間なく取り組んできた民族（Volk）は史上いなかった」という文が，Dieter Borchmeyer の 1000 ページにもおよぶ大著の冒頭を飾っている。本書は「絶え間なく続けられてきた」アイデンティティー探しのまとめだが，その最後を飾る労作が本書自体だと言える。Borchmeyer は「ドイツ的 (deutsch) とは何を意味するのか？」という問いに対する新たな解答を創り出そうとするのではなく，これまでにこの問いに対して言葉や何らかの表現の形で出されてきた解答をほぼ網羅的に紹介している。

　こうしたアイデンティティー探しの始まりは民族学的なものだった。ドイツが生まれる以前のこの地域には，いくつかの部族がばらばらに暮らしていたが，互いの方言は理解していた。そうした人々は自分たちをひとまとまりとしてとらえる概念を発見することになった。古高ドイツ語の „thioda" は „Volk" という意味で，„tiudisc" すなわち „deutsch" という単語の語源である。一つの部族ではなく，語族を表すこの言葉が，政治的統一もほど遠い地域の一つの共通点を浮き上がらせたのだ。事実よりも言語的なもの，政治よりも思想を優先すること，それが (**a**) <u>そのとき以来 20 世紀にいたっても，ドイツ人の自己理解を特徴づけている</u>。そのことはまた，Dieter Borchmeyer が本書に集めたテキストのスタイルと方向性をも定めている。

　この本には „tiudisc" をめぐる考察の歴史が余すところなく記されている。これは，言葉と思想の歴史書で，この語をめぐって公にされた定義や見解——古くは Tacitus から，近刊では Marina Münkler と Herfried Münkler の

『新しいドイツ人』(《Die neuen Deutschen》) まで——のみを扱っている。ドイツが1871年まで統一国家になるのを待たなければならなかったため, 「ド・イ・ツ・的」という概念の解釈者たちは——Goethe から Thomas Mann まで——この欠陥を益とみなすようになった。(**b**) ドイツ的とは, 政治よりも文化が, そして首都一極集中よりも地方の多様性が優位に立つことであり, また他なるもの, 過去, 周縁的なものへの理解であると言われていた。ドイツ的とは, 何よりも理性やビジネスよりも精神が優位に立つことであると言われていた。こうした美徳は, 悲劇的なことに1871年以降, 「ドイツ的」というスローガンのもとで思慮のないナショナリズムへと急激に転じてしまう。

(**c**) しかしながら言葉による表現以外にも, ドイツ人の自己理解に寄与があった分野も想起できよう。例えば「絵画による」ドイツの表現である。Overbeck の油彩画『ゲルマーニアとイタリア』やナザレ派の画家たちを想起されたい。また体操の父 Friedrich Ludwig Jahn (1778–1852) の頭にあったドイツについてもより詳細な考察が必要であろう。ドイツ人を今日でも結びつけているスポーツへの情熱を発見したのが彼だからだ。さらにはドイツ「体験」もこれに含めることができるだろう。第二次世界大戦後, ドイツ人の間で巡礼のように行われているバイエルンのリゾートへの旅行や, 近年ふたたびシュトゥットガルトからベルリンまでの少女から大人までの女性の間で等しく流行をみている民族衣装 (Dirndl) が例として挙げられる。

しかしながら, Borchmeyer は観察を行なっているのではない。言葉と考察の歴史を書にまとめているだけである。この本は, 読者の手をとり, これまでにこのテーマに取り組んだ者が時代順に並べられた書棚へと案内する。(**d**) 教師 Borchmeyer は, そこここの本を取り出し繙いては, 要となる文章を即座に見つけ出し, 引用してみせる。

文学研究者 Borchmeyer の知識と好みは, 読者をとりわけ18世紀以降のドイツの詩人や哲学者たちへと誘う。それは, 「国民国家」が初めて見出された時期であった。誰かが考え出したわけではなかったが。フランスは1789年の革命によりその先鞭をつけた。他のヨーロッパの (**e**) 国々は, それまでは領邦国家に過ぎなかったのだが, フランスに追いつこうと励んだ。遅れをとっていればいるほど熱心に。重要な作家たち——Goethe, Schiller, Fichte, Hegel, Heine, Nietzche, Thomas Mann, Brecht——が, 理想の構想に携わったり, 一つのドイツ国民国家の現実性への批判を行ったりした。

Borchmeyer の仕事で秀逸なのは, 記述が正確で, 引用文の重要性が的確に判定され, それが適所に配されていることだ。本書のおよそ4分の1が厳選さ

れた引用文からなる。引用時に用いる動詞のバリエーションはこれ以上 Borchmeyer には思いつかないのではないか，と読者が時として考えてしまうほど，ほとんど全てのバリエーションが本書で用いられている。„sagt er", „schrieb er dann", „wie er erwähnt", „wie er hervorhebt", „antwortet er", „dazu bemerkt er", „stellt er fest", „so hat er geäußert", „er macht darauf aufmerksam" というように。引用が多いためにこうした労苦が生じるのだが，この膨大さがいま一度本書のテーゼを証明してもいる。すなわちドイツ人は言葉で自身を定義するのだということを。

I (a) の文意は前記の日本語訳を参照してください。bis ins zwanzigste Jahrhundert が正答を導くポイントとなりました。「20世紀になってからも」という内容を含む選択肢 3 が正解です。選択肢 1 および 2 には bis zu Beginn とあり，内容が「20世紀の初頭まで」に限定されているので不正解です。選択肢 1 を選んだ解答が 47.06% ありました。選択肢 4 は内容が「20世紀より前のみ」に限定されているため不正解となります。［正解率 31.93%］

I (e) の文意は上記の日本語訳を参照してください。ここではまず，nachstreben が分離動詞であり，ihm がフランスを指していることを理解することがポイントとなります。選択肢 2 の「他より遅れて国民国家（Nation）となった領邦国家は，よりいっそう熱心にフランスに続こうとした」が正解です。選択肢 1 を選んだ解答が 34.45% ありましたが，「国民国家となった領邦国家は，いっそう熱心に革命をめざした」という意味で，既に国民国家になっていた地域の話ではないため，不正解となります。選択肢 3 には「遅れて国民国家となることに取り組んだ領邦国家は，それにはあまり熱心ではなかった」とあり，テキストとは逆のことが述べられています。選択肢 4 には「まだ国民国家になっていない領邦国家はフランスの支配からの解放に熱心に肩入れをした」とありますが，問題の箇所で話題になっているのはフランスの支配地域ではありません。［正解率 34.03%］

II (c) の文意は上記の日本語訳を参照してください。正解は，選択肢 3 の「自己理解に寄与したのは，言葉だけではなく，他の分野のものも考えられる。例えば絵画である」です。Disziplin は disziplinieren（規律に服させる，しつける）という動詞もあることから，「規律」の印象が強いかもしれませんが，スポーツの「種目」や，ここでのように「分野」という意味でも使われます。選択肢 1 は，自己理解に寄与したものとして「絵画は根本的に除外される」とあるため，絵画に言及している文意から外れています。選択肢 2 を選んだ解答が，18.91% ありま

したが，「ドイツを描いた絵画がどのようになるのかは想像し難い。だが，その描写は言葉によって可能である」ということですから，これも (c) の文意と異なります。ちなみに，ドイツを擬人化した Overbeck の油彩画が，原著の 262 ページに掲載されています。選択肢 4 には相関接続詞 weder ... noch ... があり，「言葉と絵画のどちらもドイツ人の自己理解に寄与しなかった」という内容が表されるため不正解です。［正解率 63.45％］

II (d) の文意は上記の日本語訳を参照してください。正解は，選択肢 4 の「Borchmeyer のこの本は，いくつもの著作から要となる文を引用している。彼は，どの本から何を引用すべきかを心得ていることを示している」です。(d) は定冠詞を伴う Der Lehrer で始まっていますが，これが Borchmeyer 自身を指していることを理解することがポイントとなります。ドイツ語の長文では，同じ人物を表すためにいくつもの異なる単語が使われることがあります。また，ここでは著者の博覧強記が称えられていることを読み取る必要があります。選択肢 3 を選んだ解答が 28.15％ ありました。選択肢 3 は「Borchmeyer が自らの図書室で開催した朗読会では，教師は，書棚から適切な本をいともたやすく取り出し，即座に要となる文を引用できることを示している」という意味ですが，ここでは朗読会は話題になっていません。選択肢 1 では，「図書室（館）を案内する際に，教師は生徒を掴んで…」とありますが，(d) の箇所で掴まれているのは本（著作）ですし，「教師」もテキストでは単数形で Borchmeyer を指すために使われています。したがって選択肢 1 も不正解です。選択肢 2 では，「Borchmeyer は…生徒たちに要の文を朗読する」とありますが，(d) では生徒たちのことや，具体的な朗読のことはやはり述べられていないので不正解です。［正解率 49.58％］

III 下線部 (b) の和訳です。平易でない文章を構造的にきちんととらえ，一つ一つの表現を正しく理解し，さらに全体として理解可能な日本語にできるかどうかが問われています。問題文をセンテンスの区切りにしたがって 3 つに分け，構造や内容から判断して 5 点，3 点，4 点を配分し，原則として加点法で採点しました。平均点は 12 点満点で 3.60 点でした。

第 1 センテンスは，sei が接続法第 I 式の間接話法であることが理解できている場合，名詞 Vorzug と前置詞 gegenüber のつながりが理解できている場合に加点しました。sei を要求話法として理解した解答は得点対象にしませんでした。deutsch は，文頭にあり大文字で始められているためか，「ドイツ人」，「ドイツ語」としている解答が目立ちましたが，「ドイツ的（なるもの）」を正解とし，「ドイツという言葉」も可としました。「ドイツ人」は得点対象にしませんでした。

provinziell は「田舎の」といった意味ですが，Provinz（州）からの連想で「州」とした解答も目立ちました。Fremde, Vergangene, Abgelegene を「〜人」と解釈した解答も少なくありませんでしたが，「見知らぬ人」などは得点対象にせず，「他なるもの，過去，周縁的なもの」を加点対象としました。第2センテンスでは，名詞 Übergewicht と前置詞 gegenüber のつながりが理解できている場合は加点しました。第3センテンスでは，Schlachtruf を「スローガン」と訳した解答は少数で，独創的な解答が多数見られました。一方で，歴史的な背景を踏まえて補いつつ訳した名答もありました。Nationalismus（民族主義，ナショナリズム）を Nationalsozialismus（国家社会主義，ナチズム）と誤解した解答も散見されました。また，in einen besinnungslosen Nationalismus に含まれる前置詞 in は4格を伴って動詞 umschlagen とつながり，「思慮のないナショナリズムへと急激に転じる」という意味になりますが，in に続く名詞を3格と誤解し，「ナショナリズムの中で」と訳してしまった解答も目立ちました。

◇この問題は24点満点（配点 I 3点×2　II 3点×2　III 12点）で，平均点は8.97点でした。

> **3 解説のまとめ**
> *長文を読解する時に大切なことは，テキストの流れをとらえて内容を把握することです。II (d) にあるように，同じ人物の話が続く場合に，さまざまに言い替える傾向もあるので，人物を表す表現が出てきた場合，それが同一人物を指すのか確認しながら読む練習が必要です。
> *このようなテキストを読みこなすには，多読と精読をうまく組み合わせることが有効でしょう。III の和訳問題では，前置詞 in の後の名詞の格に注意すれば，誤読を避けることができます。要となる箇所では，立ち止まって文法事項を把握しながら精読する必要があります。どこが要であるかは，多読により見えてくるでしょう。

4 会話文の再構成

正解　(a) 5　(b) 2　(c) 8　(d) 1　(e) 4　(f) 7
　　　(g) 3　(h) 6

会話の流れを適切に理解し，テキストを再構成するための論理的思考力および

文脈の予測に必要となる語彙・表現に関する知識を問う問題です。テキストは，5人の動物専門の映画製作者に密着取材してドキュメンタリー映画 „Passion for Planet" を製作した映画監督 Werner Schuessler 氏とのインタビューです。《Der Spiegel》誌 2015 年第 1 号の記事 „So nah dran wie möglich" に基づいています。動物映画製作者たちの撮影現場における奮闘ぶりや，しばしば「自然」とは言えない映画製作の実情などが語られています。

　インタビューは，動物映画製作者の何がこれほどあなたを惹きつけるのか，という質問から始まります。Schuessler 氏は，彼らが何かにとりつかれ，駆り立てられているからだと答え，最も成功を収めたドイツ人動物映画製作者の一人である Jan Haft 氏の例を挙げています。まず「私はごく幼い頃からずっと自然のとりこなんです」と Haft 氏が自らについて述べた言葉を引用し，さらに (**a**) と続けます。(**a**) の後でインタビュアーが，本当に映画製作者は求める動物がちょうどよい瞬間に現れるのを待つだけなのか，と尋ねているところから，インタビュアーがそのように考えるエピソードが (**a**) に含まれると考えられます。正解は選択肢 **5** で，「オジロワシを観察するために，彼はわざわざ木登り師の資格を取り，真冬に 28 メートルの高さにカメラの隠し場所を作ったのです。それも，次の春，巣の一つにワシのつがいが住みつくのを漠然と期待して」と語られています。［正解率 16.39％］　選択肢 **2** を選んだ解答が 20.59％ ありました。erfolgreich や Jan Haft というすでに出て来た語句や，キツネの出産の撮影に成功したという話題から選んだものと思われますが，キツネの出産を撮影した状況について述べた部分は空欄に続くインタビュアーの質問と整合しません。また，選択肢 **3** を選んだ解答も 18.91％ ありましたが，これに含まれる diese Vorgaben の指す内容が (**a**) までの文脈では見当たらないので，不正解です。

　先のインタビュアーの質問に対し，Schuessler 氏は，製作にかかる時間と予算の関係で際限なく動物がやってくるのを待つことは無理な話であり，時に彼らは海の中で特定のサメに出会うため，エサでおびき寄せるというようなこともしなければならないのだと答えます。

　インタビュアーは続けて，常に新しくセンセーショナルなシーンをとらえ続ける，あるいはそういったものを考え出すことを求められる重圧はどれほどのものか，と尋ねます。Schuessler 氏は (**b**) と答えます。これに続く箇所でインタビュアーが，そもそもそれはまだ現実の自然を見せていると言えるのか，と聞いているところから，(**b**) にはありのままの自然をとらえているとは言えないような撮影の様子が語られていると考えられます。正解は選択肢 **2** で，「成功者であり続けるつもりならば，そのような大変な状況を解決しなければなりません。Jan Haft

は，初めてキツネの出産を撮影して見せることに成功した人物です。彼は人に馴れた一匹の雌キツネの巣穴を自宅の壁ぎわに移し，ガラス窓を通してその出産を撮影しました」と述べています。［正解率18.49％］　選択肢 **7** を選んだ解答が19.75％ ありましたが，これは視聴者の心情を述べたもので質問の趣旨に沿っていません。また，選択肢 **5** を選んだ解答が18.91％ ありましたが，ここでは自然に合わせた撮影のエピソードが語られており，後に続くインタビュアーの指摘と整合しません。

　キツネの撮影の事例に対し，それは現実の自然を見せていると言えるのか，と指摘するインタビュアーに対して Schuessler 氏は，「それは特殊なケースである」と言い，(**c**) と続けます。動物もののようなドキュメンタリー映画は，事実をありのままに記録・構成したものでなければならないのが普通です。自然を誘導するような方法で撮影することは，ドキュメンタリー製作者としてモラルに反するということになります。そこで Schuessler 氏は (**c**) で彼が取材した動物映画製作者たちを擁護する発言をします。正解は「私が一緒に仕事をした監督たちは，みんなとても高い倫理規範を持っています。彼らは単に美しい動物たちを見せたいと思っているだけではありません。彼らが撮影して見せるものを守り，救いたいと思っているのです」という意味の選択肢 **8** です。この後で Schuessler 氏は Jan Haft 氏が自らの撮影姿勢を述べた言葉を紹介しています。［正解率0.84％］選択肢 **1** を選んだ解答が27.31％，選択肢 **2** を選んだ解答が24.37％ありました。選択肢 **1** の内容は，自然に手を貸すようなことをして行う撮影はあくまで特殊であるという発言の直後にはそぐいません。選択肢 **2** は特殊なケースの事例そのものです。この箇所の発言冒頭にある「それは特殊なケースである」の後には，やはり動物映画を製作する人びとを擁護するような内容が来ることが期待されます。

　続けて Schuessler 氏は，Jan Haft 氏は自然な観察がうまくいかない時にのみ他の手段を講じるのだと述べ，自然の中ではキツネの出産を撮影することができないことに言及します。これに続く (**d**) の直後には So nah dran wie möglich.「できるだけ対象に近く」とあります。そのため，(**d**) には純然たる自然観察の限界を語る選択肢 **1**「そのため，ありのままの自然観察ではないのですが，自然に等しい観察が生まれるのです」が適切です。［正解率18.07％］　選択肢 **2** を選んだ解答が27.31％，選択肢 **4** を選んだ解答が24.79％ありました。選択肢 **2** が不可である理由は基本的に (**c**) の場合と同じです。選択肢 **4** は視聴者の心情を表した二つ目の文の内容から選ばれたと考えられますが，(**d**) に続く So nah dran wie möglich. と内容的に噛み合いません。

　次にインタビュアーは，うわべは手つかずのように見える自然の姿をできるだ

け美しく見せるため，動物映画製作者はどれほど巧みにごまかしているのかと尋ねます。Schuessler 氏はこの問いに直接答えず，人間に手をつけられていない野生などもはや存在しないという Mark Shelley 氏の言葉やその事例，例えばラッコの生息地域の近くに巨大な発電所があることなどに触れた後，(**e**) と述べます。ここに入るのは選択肢 **4**「自分の映画のためなら私はズームアップし，これを見せます。でも自然映画では誰もこのようなものを見たくないでしょう」です。［正解率 15.55％］ 視聴者の心情を言うことで，映画製作者が自然の撮影に手を加えなければならないことをほのめかし，質問に対する返答の代わりとしています。選択肢 **5** を選んだ解答が 30.67％ ありました。オジロワシの撮影のために樹上に機材を設置したという内容から人工的なものを連想して選ばれたと考えられますが，これは自然に合わせた方法での撮影のエピソードであり，文脈に合いません。また，選択肢 **1** を選んだ解答が 16.81％ ありましたが，これは「自然に等しい観察」と言える工夫に絡んで発せられた言葉なので，文脈上ふさわしくありません。

　害されていない世界だけを見せるというプレッシャーはどこから来るのか，という次の問いかけに対する Schuessler 氏の答が (**f**) です。「害されていない世界」とは，人の手が加えられていない自然のことです。そのような自然はもはや存在しないとも言える今日，そのありのままを撮ったものではなく，「害されていない世界」を見せざるを得ない業界の事情が問われています。映画製作者が映像を見せる相手は一般視聴者なので，プレッシャーとは視聴者の反応や作品の興行利益を指すと考えられます。正解は視聴者の事情に触れた選択肢 **7** で，「多くの作品がゴールデンタイムに放送されます。そんな時にはみんな自然の偉大さ，美しさ，崇高さを見たいのです。興ざめな現実など誰も直視したくありません」と語られています。［正解率 25.63％］ 選択肢 **8** を選んだ解答が 26.47％ ありました。選択肢 **8** は Schuessler 氏が動物映画製作者たちの倫理規範の高さについて述べたもので，答として質問の趣旨に合いません。

　(**f**) の回答を受けて，そのことを監督たちは気にしないのか，とインタビュアーは尋ねます。Schuessler 氏は Doch.「そのようなことはない」と言い，監督の多くは，作りたい作品を作れず，視聴者の好みに合わせて妥協しなければならないと語っていると答えます。その後に (**g**) が続きます。インタビューの流れからは，ここは視聴者の好みと映画製作者の理想の間の葛藤（あるいは映画製作のために必要となる妥協）に関連する内容が入るのがふさわしい箇所です。したがって正解は選択肢 **3** の「そのため，このような基準を満たし，かつ自分に忠実であり続けるところに技があるのです」となります。［正解率 15.55％］ 選択肢 **8** を選んだ解答が 30.67％，選択肢 **7** を選んだ解答が 22.69％ ありました。選択肢 **8**

は Schuessler 氏の知る動物映画製作者たちについての話ですが，この内容だけでは上述の視聴者の好みとの葛藤に焦点が当たらず，答として十分ではありません。選択肢 **7** は逆に視聴者の好みが話題になっていますが，(**g**) に選択肢 **7** を置く場合も同様にインタビュアーの質問に対する答としてまとまりがなくなってしまいます。(**g**) に入る選択肢としてよりふさわしいのはやはり選択肢 **3** です。

インタビュアーはさらに，動物映画製作者たちが他にどのような困難と戦わなければならないか尋ねます。Schuessler 氏は官僚と賄賂も永遠のテーマだと答え，(**h**) と述べます。ここには官僚や賄賂に関わることがらか，あるいは動物映画製作者たちが抱えるその他の問題が入ると考えられます。したがって選択肢 **6** の「アフリカ，インド，そしてアメリカでも撮影許可を出すのはリスクの高い冒険なのです」が最適で，正解となります。［正解率 39.50％］

最後の質問は動物映画製作者として裕福になれるか，というものです。ファミリー映画として大衆に受けるようなものを作るなら話は別だが，彼らが作るたいていの作品では利益が出ず，何年もかかる企画もあると Schuessler 氏は答えます。そして裕福にはならないが，幸福にはなるだろうと締めくくっています。

◇この問題は 24 点満点（配点 3 点×8）で，平均点は 4.50 点でした。

4 解説のまとめ

* それほど長くない文章に何ケ所も空欄があると読みにくいものですが，最初に全体に目を通し，おおよその内容を把握してから解答に着手するとよいでしょう。一つのテーマを軸に会話が成立している以上，同じ言葉や類似の表現が狭い範囲に集中して現れている可能性があります。
* 選択肢が複数の文を含む場合，全体が文脈に整合することを確認してください。一つの文だけを見て早急に判断し，残りの文が文脈に整合しないことを見過ごしてしまうのは間違いのもとです。

5 テキスト内容の理解

正解　**2, 3, 4, 6**（順不問）

さまざまな意見を含む文章の理解度を問う問題です。出典は，オンライン版《Bild der Wissenschaft》誌に掲載された 2017 年 3 月 16 日付の記事 „Das Klima prägte die Nasen-Formen" です。出題に際して一部を省略，修正して

います。テキスト内容は，おおよそ以下の通りです。
内容：

　大きい，幅広，長いなど，なぜ出自が違う人々は鼻の形が異なっているのだろうか？　ある研究によると，もともと発展してきた地域の気候が人種ごとの鼻の特徴に影響を与えている。それによると通常は幅広の鼻が温暖で高湿な気候帯において典型的である一方で，幅の狭い鼻は寒冷で乾燥した気候帯に現れることが多いということである。

　周知のように，南ヨーロッパ人は，北方の人間とは違って見える。ユーラシア人やアジア人やアフリカ人も元々異なっている。出自が違う人々は，それぞれがある典型的な特徴を持つが，それは鼻の形にも当てはまる。こうした差異は，遺伝的浮動として時間の経過のうちに発生したと考えられるが，これは偶然による特徴の変異である。とはいえ，自然淘汰もその原因となっているかもしれない。環境ごとに異なった有利な特徴があり，その特徴を持つ者が結局より多くの子孫を残すことになるのだ。ステートカレッジにあるペンシルバニア州立大学の Mark Shriver 率いる研究チームは，この二つのどちらが鼻の形の進化により多くの影響を与えたかという問題を追究した。

　「われわれが興味を持っているのは直近の人間の進化で，肌の色，髪の色と顔の特徴のバリエーションの根底にあるものです」と Shriver は言う。「この研究では，私たちは鼻の特徴と気温と湿度ごとの地理的差異の関係の有無に集中して取り組みました。というのも，鼻および鼻の穴の重要な役割の一つが，下気道に到達する前に空気を調節する機能だからです」と Shriver は説明する。

　この調査のために Shriver たちは，世界のさまざまな地域に祖先がある人々の鼻の測定を数多く行った。例えば，鼻の穴の平均点な幅，穴の間の距離，鼻背の長さなどを調べた。その計測には，3D 顔画像処理が使われた。

　計測結果の分析では，次のことが浮かび上がった。人種ごとの鼻の穴の大きさと鼻の幅の違いは遺伝的浮動では説明できないほど違いがある。これは，人間の鼻の形の進化において自然淘汰の影響があることをはっきり示しているということである。各地域の気候が鼻の形に影響を与えたことを示すため，研究者たちは，これらの特徴の地理的な分布を調査し，各地域の気温と湿度と突き合わせた。すると，鼻の穴の幅が気温と絶対湿度に強く結びついていることが明らかになった。

　Shriver たちによれば，この相関関係はきわめて説得力がある。鼻の役割は，呼吸により取り入れた空気を粘膜との接触によって暖め，加湿することである。その際，狭い鼻の穴のほうが効率がよい。おそらく，この特徴は寒くて乾燥し

ている気候ではとても重要で，その結果，自然淘汰に至ったとShriverは述べる。具体的に言うと，鼻の穴の狭い人間は，寒い気候帯ではより生存しやすく，鼻の穴の広い人間よりも多くの子孫を残すことになった。こうして，赤道から遠く離れた地域に暮らす人種の鼻の幅はしだいに狭まることになったということである。

　研究者たちによれば，もう一つ影響したことがあった。それは，セクシュアルな淘汰である。人種によって，魅力的に感じた鼻の大きさが違った可能性がある。時が経つとともにそれによって鼻の大きさも順応したと言える。とはいえ，美的感覚は，鼻の形がそれぞれの地域の気候にいかにうまく適合していたか，ということに結びついていたかもしれない。今後，鼻については自然淘汰とセクシュアルな淘汰が互いに強化し合っていたかどうかが研究されるかもしれないと研究者たちは述べている。

　選択肢1は，「鼻の形はヨーロッパ人，ユーラシア人，アジア人，アフリカ人を区別する唯一の特徴である」という意味です。本文の第2段落で，出自が違う人々にはそれぞれある固有の特徴があり，鼻の形にもそれが当てはまる，という旨の説明がなされているので，選択肢1は不正解となります。

　選択肢2は，「鼻の形の進化にとってどんな要因が決め手なのかをMark Shriverは示そうとした」という意味です。本文の第2段落で，遺伝的浮動と環境による自然淘汰のどちらが鼻の形の変化により大きな影響を与えているかを研究している，と書かれているので，選択肢2は正解となります。［正解率84.45％］

　選択肢3は，「それぞれの環境において有利な特徴を持つ人間は，より多くの子孫を得た」という意味です。本文の第2段落で，そのような人間がより多くの子孫を得ると書いてありますので，選択肢3は正解となります。［正解率47.06％］

　選択肢4は，「空気が下気道に直接到達することを鼻は防ぐ」という意味です。本文の第3段落で，鼻の重要な役割の一つは下気道に到達する前に空気を調節することだ，と述べられているので，選択肢4は本文の内容と合致し，正解です。［正解率63.03％］

　選択肢5は，「Mark Shriver率いる研究チームは，鼻の形が偶然の遺伝子的変異による影響のみを受けることを示した」という意味です。本文の第2段落以降で，Shriverたちの研究では，鼻の形の進化に関してはむしろ自然淘汰が決定的要因であるのではないかとの見解が示されていますので，選択肢5は不正解とな

ります。

　選択肢 **6** は，「淘汰における気候の役割を証明するために，その研究チームは，視覚的な特徴がいかに，またどのような結びつきで地理的に分布しているのかを調査し，その知見を各地の気温および湿度と比較した」という意味です。第 5 段落において，研究者たちが鼻の特徴の地理的な分布を調査し，各地域の気温と湿度をそれと突き合わせた，と書かれています。したがって選択肢 **6** は正解となります。［正解率 87.39%］

　選択肢 **7** は，「幅の広い鼻の方が乾燥した温暖な気候帯に，幅の狭い鼻の方が寒冷で湿度の高い地域に，より頻繁に見られることを多くのことが示唆している」という意味です。これは，本文の第 6 段落で，呼吸により取り入れた空気を粘膜との接触によって暖め，加湿するには，狭い鼻の穴のほうがより効果的であり，この特徴が寒くて乾燥している気候において淘汰において重要だったと書かれていることと内容が一致しません。したがって選択肢 **7** は不正解です。

　選択肢 **8** は，「Mark Shriver は，気候が人間の鼻の進化に影響した唯一の要因であると強調している」という趣旨です。本文の最終段落では，セクシュアルな要因にも言及されているので，選択肢 **8** は不正解となります。

　選択肢 **9** は，「セクシュアルな魅力と気候への順応との関係は，明らかに存在しない」という意味です。しかし，本文の最終段落では，これら二つの要因の関係を探ることが今後の研究の課題であるとの旨が書かれています。したがって選択肢 **9** は不正解です。

◇この問題は 16 点満点（配点 4 点×4）で，平均点は 11.23 点でした。

5 解説のまとめ

* ドイツ語の文章は，段落ごとに論点が明示される傾向が強くあります。各段落では，最初か最後に主要な文が書かれます。長文問題を解く際には単語や熟語の知識のみならず，論の展開を読み，重要なポイントを正確に把握することが重要です。
* 今回の問題文では，冒頭に論全体のテーゼがまとめられています。それゆえ，最初の段落の内容が第 2 段落以降の内容と重複していますが，このような文章の場合でも，意味のまとまりに留意し，論全体の趣旨を把握するよう心がけましょう。

6 長文読解(表現の補充・文の書き換え)

[正解] I 3　II 4　III 1　IV 3　V 2

　長文読解の問題です。出典は 2016 年 1 月 26 日付《Die Zeit》紙に掲載された記事 „Lasst die Mädchen doch mit Mathe in Ruhe" です。一部を削除した上で修正を施してあります。2016 年の PISA(OECD が進めている国際的な学習到達度に関する調査)について関心を集めたのは,自然科学分野の成績不振でした。ここ数年来,とりわけ女子生徒が自然科学に興味を持つような取り組みが試みられてきたのですが,筆者はそれに対し批判的であり,自然科学への興味と成績の間の相関関係は疑わしいとしています。それよりも重要なのは家庭の経済状況や家族の学歴であり,国家の教育政策は家庭教育へ介入できない以上,その効果は極めて低いものとならざるを得ないということです。自然科学や数学に女子が興味を持つよう促すキャンペーンもまた,今回の PISA によりその失敗が明らかになったと筆者は考えており,男女差を埋めるあらゆる試みはすべきでないと主張しています。以上が本文の概要です。一方で学業成績や意欲に大きな影響を与えるのは社会的・家庭的状況であるとしながらも,他方で学力差の原因を男女の性差にあるとする結論には論理的な矛盾もありますし,2 月 2 日付および 2 月 16 日付の同紙には反論記事も掲載されています。しかし批判の前にまず中立的かつ正確に文脈を追うことで,筆者の考えを把握することが必要であり,本文を解く上でもその論理展開を客観的に掴むことが重要となります。

　I は,空欄に当てはまる適切な語の組み合わせを選ぶ問題で,これを解くためには文脈を読む力と語彙力が必要です。
　(a)の空欄は sich⁴ in … halten(特別に大きいわけではない)という表現の一部となっています。選択肢 3 の Grenzen がここに当てはまります。選択肢 2 の Rahmen を使った同じ意味の sich⁴ im Rahmen halten(特別に大きいわけではない)という表現もありますが,空欄の前は in となっており,定冠詞との融合形ではないので不正解です。選択肢 4 の Schranken を使った sich⁴ in Schranken halten(限度を守る)という表現もありますが,ここで言われているのは PISA の結果が 2012 と変わらなかったため結果として報道での反響が少なかったということで,意味的にふさわしくありません。
　(b)の選択肢はそれぞれ非人称 es と結びつく動詞です。ここでは,学習者が不足していることの表現を生み出す選択肢 1 の besteht(存在する)と選択肢 3 の herrscht(支配的である)が空欄にあてはまります。選択肢 2 の gilt は「通用す

る，有効である」という意味，選択肢 **4** の kommt は「来る」という意味で，この箇所の文脈から適切ではありません。

（**d**）の空欄には，主語である die Wirkung を修飾する形容詞が入ります。文脈的に筆者は教育政策の効果に対して否定的なので，意味的にはどれも当てはまりそうです。もっとも選択肢 **1** の niedrig は主に高さや数値に対して用いるので，ここでは排除されます。

（**e**）の選択肢は全て前置詞 auf と結びつくことで特定の意味を持ち，gehen から派生した分離動詞です。また空欄を含む従属文は Lehrer を先行詞とする関係代名詞で導かれており，「教員たちは生徒たちの欲求や能力に…する」という意味となっています。もっとも，選択肢 **2** の zurückgehen は auf と結びつくと「～に起因する」という意味になり，意味内容的に当てはまりません。

こうしたことから，正解は選択肢 **3** となります。（**d**）の空欄に入る gering は「乏しい」，（**e**）の空欄に入る eingehen は前置詞 auf と結びついて「理解を示す」という意味になります。［正解率 31.93％］

II は，空欄に合う文を選択することで，文脈を読む力を問う問題です。この段落では，生徒たちの自然科学系科目の学習に対するモチベーションの調査結果について言及されています。それによると，PISA で最もよい成績だったシンガポールでの学習意欲が高かった一方で，他方それに次ぐ成績であるはずの日本では逆の結果となり，それと似た傾向がドイツやオランダでも見られる，ということを筆者は述べています。それを根拠として筆者は，PISA が学習意欲の問題とは関わりがないと主張しているわけです。したがって空欄（**c**）には，シンガポールとは逆の結果，すなわち学習意欲の高さと成績の間の相関関係を否定する内容が入ります。選択肢 **1** は「日本では生徒たちは自然科学に対して目に見えて大きな意欲を持っている。それにも関わらず，それに対応する PISA の結果は二流である」という意味ですが，an zweiter Stelle「第 2 位の」は zweitklassig「二流の」ということではないので意味的に当てはまりません。選択肢 **2** は「日本では自然科学分野の職業が最も高い収入を得るキャリア形成につながるので，生徒たちが数学の授業でする努力の量はますます増えている」ですが，意欲が高く成績がよいということになるので，文脈に適合しません。選択肢 **3** は「日本の大学ではとりわけ人文・社会科学系分野の人気が高いがゆえに，最新の調査によれば，日本は数学に関して他国より成績が悪い」です。ということはシンガポールでは人文・社会科学系の意欲が低いという話になるはずですが，そのような言及はありませんし，日本の成績はシンガポールに次ぐ好成績の例として挙げられており，成績

が悪いとは書かれていません。選択肢 **4** は「日本では，優秀な成績にも関わらず，自然科学系の授業への参加意欲が著しく低い」という意味です。意欲の低さに反して成績がよいということで，シンガポールとは逆の結果です。したがって，選択肢 **4** が正解となります。［正解率 50.84％］

　III は，下線部の内容を，前後の文脈に即して理解できるかどうかを問う問題です。直前の段落で筆者は，国家が教育政策によって影響をおよぼしうるのは，学校システムの組織化や形成における部分なのだが，PISA が示した結果は，公／私立のような学校のタイプや就学前のサービスの規模の問題は成績に対する影響力を持たないということだったと指摘しています。続いて下線部が含まれる段落では，国家が家庭内における「学習の身近さ」を促進できるのであれば，国家の影響が本当に大きくなると述べています。下線部 (**f**) は，このような仮定が実際には不可能であると指摘する箇所です。「しかし，家庭の私的領域は広範にわたり不可侵であり，教育は各自の家庭内において両親に委ねられている——幸運なことに」という意味です。最後の zum Glück は，国家が私的領域に介入し権利を侵害するような政策を取っておらず，自由が確保されているということが，筆者の主張する「効果的な」教育を不可能にしているということに対する皮肉です。選択肢 **1** は「国家は家庭に対し影響力を持っていない。なぜなら私的領域は幸運にも保護されており，両親は自分の子どもたちを完全に自由に教育できるからだ」です。国家が教育におよぼす影響力が非常に限定的であることを指摘する前後の文脈に一致しているので，選択肢 **1** は正解です。選択肢 **2** は「幸福で高学歴な両親の家庭では，子どもたちは自宅でも学習可能である。したがって教育政策は成績に対しわずかにしか影響を与えない」という意味です。下線部では教育方針が家庭ごとに自由であると述べているのであって，家庭内学習が可能かどうかということは話題になっていません。したがってこの選択肢は不正解です。選択肢 **3** は「裕福で高学歴な両親は，たいてい自分たちの幸福な子どもたちを甘やかし，学業成績を向上させるための国家による教育政策を困難にしている」という内容ですが，(**f**) では子どもたちが幸福であるということが言及されているわけではありません。選択肢 **4** は「子どもたちと幸せな生活を送るためには，両親は子どもたちを家で自由に遊ばせるだけでなく，まじめに学習させるべきである」という意味です。遊ばせるのも勉強させるのも両親の教育方針の自由であるというのが下線部の主旨であり，内容的に当てはまりません。［正解率 60.92％］

　IV も **II** 同様に，空欄に合う文を選択して，文脈を読む力を問う問題です。空欄 (**g**) の前の部分では，2000 年に PISA が実施されて以来，男子と女子の間の

成績や学習意欲における差異が繰り返し示されてきたと、筆者は主張しています。そして空欄（**g**）の直後の箇所では、それに対応するキャンペーンのような余計なことはしなくてもよいと続きます。以上の文脈を踏まえ、かつそれが最終段落にあることを考慮すると、空欄にはここまでに筆者が示してきた、PISAの結果の解釈やそれに付随する事例から導き出される結論となる内容が入ると予想されます。選択肢 **1** は「成績は男子においては女子の場合よりも大きく差が出ており、数学が不得意な男子はより多く存在している」という意味です。これまでの文脈で筆者は男子については言及しておらず、女子の自然科学系科目の成績が悪いという点のみを取り上げ、それを前提として論を展開しています。したがってこの選択肢は空欄に適合しません。選択肢 **2** は「数学や自然科学に対する興味関心の度合いに男子と女子の間ではっきりと差が出てしまっていることには、両親が寄与している」です。筆者の主張によればPISAの調査では家庭環境と成績の間の関係性はわからないということなので、空欄（**g**）直前に書かれているPISAが繰り返し示してきた内容とは噛み合わず、この選択肢は適切ではありません。選択肢 **3** は「自然科学や工学を学ぶ喜びは、人工的に育て上げられるものではない」となります。筆者は教育政策やキャンペーンによって女子の自然科学に対する興味を引く試みに批判的であり、また空欄の直前や直後の内容にも適合します。したがって、選択肢 **3** が正解です。選択肢 **4** は「自然科学においては、女子に対しより手厚く助成されるようになったことが、差をより一層縮めることに貢献したという可能性もある」という意味です。自然科学分野における男子と女子の間の成績の差が縮まったという内容は、本文中に該当する記述が見当たらないので、選択肢 **4** は排除されます。［正解率 37.82％］

　V は、タイトルをつける問題です。選択肢の中から、テキスト全体の論旨を簡潔に表現しているものを探しましょう。選択肢 **1** は「女子を数学と二人きりにしないで」となります。alleine lassen は「放っておく」という意味の表現です。本文の筆者の批判は学習意欲を向上させる試みに向けられていますが、女子の数学学習について放任主義的な方法が採られていることを批判しているわけではありません。したがってこの選択肢は不正解です。また選択肢 **3** と選択肢 **4** はそれぞれ、女子に数学をもっと学ばせる、あるいは学ばせ方を楽しいものにするという内容であり、女子の数学に対する興味を引く試みを促すようなものとなっています。すでにこれまでの問題でも見てきたように、筆者はこれとは逆の立場なので、本文の内容を示すタイトルとしては不適切です。選択肢 **2** の「数学のことで女子を構わないで」は、筆者の主張である、女子に対する自然科学系科目に対する学

習意欲向上対策への批判を最も適切に示しています。したがって，選択肢 **2** が正解です。［正解率 41.60％］

◇この問題は 20 点満点（配点 4 点×5）で，平均点は 8.92 点でした。

> **6 解説のまとめ**
> *長文読解では，似ている語彙を含む選択肢や一般的に「正しい」と思われる選択肢を選ぶのではなく，選択肢の内容を正しく理解し，それが前後の文脈と合致しているのかを，主観的な価値観に引きずられないように確認する必要があります。そのためには，ふだんから論旨を追って「考えながら」読む習慣を身につけましょう。
> *長文読解の力をつけるためにはまず語彙を増やすことが決め手になります。そのためには多読が必要です。もっとも，時間をかけ考えながら読む精読もやはり重要です。この練習はドイツ語のテキストでなくてもすることができます。毎日の生活の中でも精読の機会を探しましょう。

7 和文独訳

[正解] 解答例

In den Städten in Europa (Westeuropa), besonders in Italien gibt es viele faszinierende Plätze. Diese Plätze haben eine für die Gemeinschaft wichtige soziale Funktion in Bezug auf Politik, Religion, Handel und Feste und sind damit für das Leben der Stadtbewohner unentbehrlich. Derartige Plätze als „öffentlichen" Raum hat es in japanischen Städten nie gegeben.

Dies bedeutet aber nicht, dass es in Japan keine Orte gab, an denen Menschen sich versammeln. Als Räume im Freien wie die europäischen Plätze sind z.B. Gassen, Schreinanlagen oder Bereiche um Brücken herum anzusehen.

和文独訳の問題です。この問題では，日本語の直訳ではなく自然なドイツ語になるよう，語彙や構文を適切に選択しているか，全体の論理構成をきちんとドイツ語で表現しているかを見ています。出典は 2002 年に出版された安藤忠雄氏の『建築に夢をみた』です。この本には，テレビ番組「NHK 人間講座」（2000 年

の4月から6月期分) のテキスト用に建築家である安藤氏が書いた文章が，再編集を経て纏められています。出題箇所は，第3章「広場」の中の文章です。採点では，テキストを五つのパートに分けて配点を決めた上で，それぞれのパートに関して，語順や語形などが適切か，正しいスペルで書かれているか（正書法），内容がきちんと反映された，論理的に飛躍のない文章となっているか，適切な語彙が用いられているか，という点をチェックしました。

　それでは，テキストに沿って一文ずつ見ていきましょう。最初の文「西洋の諸都市，とりわけイタリアの街には魅力的な広場が数多くあります」に関しては，解答例では es gibt を用いていますが，existieren, sind da, haben, sich befinden などの表現を使うこともできます。この箇所では形態上の誤りは少なかったのですが，語彙の誤りがかなり見られました。「諸都市」の誤訳としては，Länder（諸国），Stätte（場所），Staat（国家）などがありました。また「魅力的な」は faszinierend の他にも attraktiv という訳が可能ですが，fasziniert とした誤訳がかなり見られました。faszinierend（現在分詞）は，能動的に何かを，もしくは誰かを「魅了する」という意味ですが，fasziniert（過去分詞）では受動的に何かに，もしくは誰かによって「魅了された」という意味になります。混同しないように気をつけましょう。「広場」の誤訳としては，Marktplatz（市場），Park（公園），Parkplatz（駐車場），Ort（場所）という答がありました。なお，「イタリア」の訳が Italy と英語になっている解答も多く見られました。国名はドイツ語では英語と違う場合が多々あるので，注意して覚えましょう。

　第2文は，日本語では，「広場」という主語の前に，「政治，宗教，商業，祝祭といった共同体に必要な社会的機能を担う」というかなり長い修飾句がついています。そのとおりにドイツ語で直訳してしまうと，名詞と冠詞の間にかなり長い冠飾句を作らねばなりません。また「広場」という主語の後ろに関係文を置き，広場についての説明をすることも可能ですが，その場合にも，主語を修飾する部分がかなり長くなります。そのため，解答例に挙げたように，「社会的機能を担う」までの箇所で，主語，動詞，目的語を備えた文を一つ作り，その後に「それゆえ，こうした広場は市民の生活に欠かせない」という内容の別の文を付け加えるのが，ドイツ語として最も読みやすい自然な訳し方となります。また，「社会的」の誤訳として，sozialistisch（社会主義的）という答が頻出しました (sozialisch や soziall といったスペルミスを含む解答も多くありました)。「商業」の誤訳としては Handeln（行為），Handlung（行為）が目立ちました。「祝祭」の訳としては，Fest や Feier は正解となりますが，ドイツ語としては存在しない Feierfest は間違いです。

次の「そのような〈公〉の空間としての広場は，日本の都市がついに持ち得なかったものです」の訳として，解答例では es gibt の現在完了形を使った文を使っていますが，konnte nicht haben や konnte nicht besitzen なども正解です。「日本の都市」という箇所を，都市という語を抜いて，Japan や Japaner と訳している解答が多くありましたが，ここでは第1文の「西洋の諸都市」との比較において「日本の都市」について語られているため，「日本」や「日本人」と言い換えてしまうのは不適切です。また，「ついに」という箇所は，「結局のところ」とか「今に至るまでずっと」という意味合いを込めて訳すことが求められます。leider や schade などといった語を用い，遺憾の意味を入れて訳している解答もありましたが，「ついに」という言葉には必ずしも遺憾の意味は含まれていないので，適切な訳とはいえません。なお，「〈公〉の」の誤訳として，英語の動詞 publish（出版する）が散見されました。

　「かといって日本に人の集まる場所がなかったわけではなく」という箇所では，「かといって」という意味を示すのに適切な語を使えるか，そして「なかったわけではなく」というニュアンスをうまく表現できるか，という点が解答する上でのポイントとなります。「かといって」という意味を示す語として，解答例では接続詞 aber を使っていますが，andererseits や doch, trotzdem, dennoch なども正解です。「なかったわけではなく」という箇所は，解答例のように dies bedeutet nicht, dass … （これは〜という意味ではない）という表現を用い，なおかつ dass 以下の従属文にも否定の語を入れることによって二重否定の文にするのが最も適切な訳の作り方ですが，「日本には人の集まる場所があった」という肯定文で表現することも可能です。なお，「人の集まる」の訳は，sich versammeln（意思を持って集まる）もしくは sich sammeln（自動的に集まる）が正解となりますが，再帰代名詞 sich が抜けている解答が多くありました。また，解答例では関係文を用いましたが，「人の集まる場所」を一つの名詞で表現することも可能で，その場合は，Treffpunkt, Versammlungsort, Sammelpunkt などが正解となります。

　最後の「西洋の広場に代わる戸外空間としては路地，神社の境内，橋のたもとなどがあります」の箇所の，「西洋の広場に代わる戸外空間としては」の部分は，als の代わりに前置詞 statt を用いて表現することも可能です。「戸外空間」の「戸外」にあたる語が抜けている解答が多くありました。「橋のたもと」に関しては，「橋」だけではなく，その付近の領域を示すような訳にすることが求められます。この箇所も，語彙の間違いが頻出しており，「神社」の誤訳として英語の Shrine，「橋」の誤訳として英語の Bridge，「路地」の誤訳として Allee（大通り）や Wege（道）などがありました。また，europäisch（西洋の）を europäsisch, europänisch, europisch のように誤って書いている解答も多く見られました。

　最後に，問題文全体を見てみましょう。第2文以外は，文の構造がさほど複雑ではなかったためか，論理的に飛躍した文章はあまりありませんでした。文法的な間違いで目立ったのは，語順の誤りです。名詞の格変化，名詞の複数形の書き間違いも散見されました。

　語彙の間違いはとても多く，形は似ていても全く別の意味の単語を書いてしまっていたり，英語の単語を書いてしまっていたりする解答が非常に多くありました。正書法の観点から減点の対象になった解答も少なくありませんでした。

　原文にある語を全く訳さなかったり，意訳しすぎてしまったりしているケースもありました。このようにしてしまうと，原文で言われている内容を歪めてしまうことになります。

◇この問題は20点満点で，平均点は8.58点でした。

7 解説のまとめ

* 解答する際は，まず日本語の意味をしっかりとらえた上で，ドイツ語で書く際の文の構造を決めることが大事です。ドイツ語で訳出するのにどういう構文を使えばいいのか，まずはしっかりと考えましょう。日本語の意味を損なわない範囲で，日本語の言い回しとは違った表現に書き換える練習を，まずは短い文章を使って練習してみましょう。また，日本語とドイツ語とでは語順が違います。特に動詞の位置には気をつけましょう。
* 語彙の知識が豊富であればあるほど，訳出しやすくなります。意識的に語彙の知識を増やすようにしましょう。スペルミスなどを避けるためには，ふだんから音読を習慣づけ，発音も合わせて覚えておくとよいでしょう。

【聞き取り試験】

Erster Teil 会話文の内容理解

正解 (A) 1 (B) 3 (C) 3 (D) 4 (E) 2

　第1部 (Erster Teil) は，Daniela Schadt 氏へのインタビューを聞き，その内容についての質問に対して適切な解答を選び出す形式の問題です。問題文は2017年3月5日付《Welt am Sonntag》紙から採りました。出題のため，表現や構成を一部改めてあります。なお，第1部では問題文のみを「解答の手引き」に記載し，設問ごとに四つの選択肢を放送で聞き取り，適切なものを一つ選び出すという形式を採用しています。

　読み上げられたテキストは以下のとおりです。CDに同じテキストが録音されているので，聞いてみてください。

Interviewer: Frau Schadt, die Amtszeit von Ihrem Mann, dem Bundespräsidenten, geht bald zu Ende. Sind Sie froh, dass Sie hier bald ausziehen können?

Daniela Schadt: Es wäre etwas falsch gelaufen, wenn man nach fünf Jahren sagen würde: Gott sei Dank, es ist vorüber. Es sind durchaus gemischte Gefühle. Ein bisschen Wehmut ist schon dabei, auch weil ich Menschen vermissen werde, mit denen ich hier zusammenarbeite. Außerdem gab es viele wunderbare Begegnungen und Erlebnisse. Aber so, wie es nun kommt, empfinde ich es als stimmig.

Interviewer: Ist es nicht eine große Last, fünf Jahre lang so gut wie kein Privatleben zu haben?

Daniela Schadt: Ganz so schlimm ist es ja nicht. Zum Glück gibt es auch ein Privatleben — sonst würde man so eine Aufgabe kaum bewältigen. Dabei ist mein Freiraum sicher größer als der des Bundespräsidenten. Natürlich steht man an dessen Seite stärker unter Beobachtung als die meisten Menschen. Aber ich habe meine Be-

	ziehung zu Freunden und Verwandten stets aufrechterhalten. Außerhalb des offiziellen Programms kann ich mich problemlos frei bewegen. Und diese fünf Jahre haben ja nicht nur aus öffentlichen Pflichten bestanden.
Interviewer:	Als First Lady haben Sie das Wort Ihrem Mann überlassen müssen, und die Öffentlichkeit hat an Ihnen vor allem interessiert, welches Kleid Sie bei welchem Staatsbesuch tragen. Wie ist das, wenn das Äußere bedeutender scheint als die Inhalte?
Daniela Schadt:	So habe ich das gar nicht erlebt. Bei gemeinsamen Auftritten mit dem Bundespräsidenten will natürlich jeder erst einmal wissen, was der Bundespräsident sagt oder denkt. Aber ich habe ja eine ganze Reihe eigener Termine und Reisen — zum Beispiel als Schirmherrin von UNICEF oder der Deutschen Kinder- und Jugendstiftung oder einfach nur, um mir ein interessantes Projekt anzuschauen. Dabei treffe ich immer wieder beeindruckende Menschen und führe intensive und interessante Gespräche.
Interviewer:	Viele Amtsinhaber haben in ihren Memoiren die ersten Monate ohne Amt und Aufgabe als etwas Schreckliches empfunden. Später war der Neuanfang schwer.
Daniela Schadt:	Das ist bei mir anders. Sobald ich hier rausgehe, gehe ich meinem Leben nach, gehe auch einkaufen. Das werde ich nachher übrigens auch tun, sonst gäbe es nämlich nichts zum Abendessen. Ein großer Teil meines Lebens ist so, wie es vorher auch war. Vielleicht wird diese Umstellung für den Bundespräsidenten doch ein bisschen schwerer.
Interviewer:	Was hatten Sie sich als First Lady vor fünf Jahren für Ziele gesetzt? Welche davon konnten Sie verwirklichen?

Daniela Schadt:	Eine ausgefeilte Agenda hatte ich gar nicht. Aber ich fand es wichtig, für bestimmte Bereiche eine größere Öffentlichkeit zu ermöglichen. Nehmen wir das Beispiel Special Olympics — eine Sportinitiative für Menschen mit geistiger Behinderung. Ich wollte das Meine dazu beitragen, dass mehr Menschen als bisher sehen, welche Leistung diese Athleten erbringen und wie wichtig das für sie ist. Ich hoffe, es ist mir gelungen. Ein konkretes Ziel allerdings hat sich aus den Erfahrungen der letzten Jahre ergeben: Ich fände es gut, wenn die vielen fabelhaften Organisationen, Initiativen und Stiftungen stärker zusammenarbeiten könnten. Und wenn dieses ehrenamtliche Engagement sinnvoll mit den Institutionen des Gemeinwesens verzahnt würde. Da sind wir gerade in einem Lernprozess — an dem würde ich mich gern weiter beteiligen.
Interviewer:	Sie sind vom Selbstverständnis eine emanzipierte Frau. Was bedeutet Emanzipation Ihrer Ansicht nach?
Daniela Schadt:	Im Kern bedeutet es, gleiche Chancen für Frauen und Männer — und die Möglichkeit, diese Chancen auch wirklich ergreifen zu können. Ich denke, gerade in den Fragen von Ausbildung und Beruf gibt es noch einiges zu verbessern, etwa dass Frauen nach der Elternzeit ohne Nachteile an ihren Arbeitsplatz zurückkehren können. Sie haben in der Familienphase ein hohes Maß an Belastbarkeit und Leistungsfähigkeit bewiesen und zudem eine soziale Kompetenz erworben, die noch nicht in dem Maße anerkannt wird, das ich mir wünschen würde.
Interviewer:	Sie haben in den vergangenen fünf Jahren wahrscheinlich so viele Menschen in Deutschland gesprochen wie kaum ein anderer Mensch, sieht man von

	Ihrem Mann ab. Wie würden Sie die Stimmung im Land charakterisieren?
Daniela Schadt:	Natürlich spüre auch ich die allgemeine Verunsicherung. Trotzdem bin ich überzeugt, dass die große Mehrheit viel fester hinter unserem pluralistischen System und der repräsentativen Demokratie steht, als es manchmal in den Medien den Anschein hat. Das belegen nebenher auch die Umfragen. Es ist ein Grundgefühl von mir, das sich in vielen Gesprächen und Begegnungen eingestellt hat: Auch wenn es noch vieles zu verbessern gilt — dieses Volk ist in seiner Mehrheit zufrieden mit unserer Republik. Es gibt also keinen Grund, verzagt zu sein.
Interviewer:	Was werden Sie beruflich künftig tun?
Daniela Schadt:	Ich war politische Journalistin. Und es wird wohl schwer, in diesen Beruf zurückzukehren. Jedenfalls wäre eine Karenzzeit vonnöten. Ich werde sicher etwas machen, wo ich mich wie immer voll einbringen kann. Davon können Sie ausgehen.
Interviewer:	Frau Schadt, vielen Dank für dieses Gespräch.

Frage **A**: Wie gestaltete sich das Privatleben von Daniela Schadt?

(**A**) 1 Es war vermeidbar, ihre Kontakte zu Freunden und Verwandten abzubrechen.

2 Sie hatte keine Möglichkeit, frei zu entscheiden, was sie in der Freizeit tut.

3 Der Bundespräsident ließ ihr großzügig den Freiraum, sich dem Privatleben zu widmen.

4 Bei öffentlichen Programmen mit dem Bundespräsidenten waren ihre privaten Aktivitäten besonders wichtig.

Frage **B**: Was hat Daniela Schadt während der Amtszeit von Joachim Gauck gemacht?

(**B**) 1 Sie hat besonders darauf geachtet, dass sie beim Staatsbesuch

passend gekleidet ist.
2 Bei gemeinsamen Terminen hat sie sich zurückgehalten und ihrem Mann zugehört.
3 Sie besuchte manchmal ohne den Bundespräsidenten Veranstaltungen gemeinnütziger Organisationen.
4 Für ihre eigenen Projekte hat sie sich von vielen Fachleuten beraten lassen.

Frage C: Was ist Daniela Schadt während der Amtszeit von Joachim Gauck als Bundespräsident klar geworden?

(C) 1 Die First Lady sollte bereits vor dem Amtseintritt ihres Mannes eine eigene Agenda vorbereiten.
2 Man sollte wissen, wie viele behinderte Menschen sich im Sport engagieren.
3 Die Zusammenarbeit zwischen privaten Organisationen und öffentlichen Institutionen sollte intensiver werden.
4 Sie sollte selbst noch mehr wissen, wie die öffentlichen Institutionen für das Gemeinwesen funktionieren.

Frage D: Was für eine gesellschaftliche Entwicklung wünscht sich Daniela Schadt?

(D) 1 Frauen werden mit gleichen Rechten ausgestattet wie Männer.
2 Frauen können während der Betreuung ihrer Eltern dort arbeiten, wo sie früher gearbeitet haben.
3 Frauen können auch im Leben mit der Familie neue berufliche Fähigkeiten erwerben.
4 Was Frauen im Umgang mit anderen Menschen leisten, muss mehr Anerkennung bekommen.

Frage E: Was denkt Daniela Schadt über die Stimmung in der Bevölkerung?

(E) 1 Es gibt keinen Ort, wo man sich unsicher fühlt.
2 Die Menschen in Deutschland vertrauen der repräsentativen Demokratie, auch wenn die Medien anderes berichten.

3 Die Menschen denken, dass man nicht den Umfragen, sondern dem eigenen Gefühl glauben sollte.
4 Die Mehrheit der Deutschen ist nach intensiven Diskussionen wieder zufrieden mit der Politik.

（**A**）は，Daniela Schadt 氏の私生活についての質問です。5年間にわたって私生活がほとんどないのは大きな負担ではなかったかというインタビュアーの問いかけに対し，大統領の傍にいることでたいていの人より注目されることは多いが，友人や親戚との関係はずっと保てていたと Schadt 氏は答えます。また，大統領は自分よりも自由行動が制限されていたこと，公式行事以外は自由に行動しても問題なかったことも述べられます。正解は選択肢 **1** の「友人や親戚とのコンタクトを断つことは避けられた」です。選択肢 **2** は「余暇にすることを自由に決めることはできなかった」という意味で，問題文の内容に合致しません。選択肢 **3** は「大統領は彼女が私生活に没頭する自由を持つことに寛容だった」という意味です。解答の 40.34% がこの選択肢を選んでいました。Schadt 氏は私生活を大切にすることはできたのですが，これは大統領の働きかけによるものであるとは言われていないため，不正解になります。選択肢 **4** は「大統領と一緒に公式行事に参加する際は，彼女の私的活動が特に重要だった」という意味です。これは 29.83% の解答が選択していました。問題文では，Schadt 氏の公式行事と私的な活動が区別されていたことがわかります。したがってこの選択肢も不正解です。[正解率 24.37%]

（**B**）では，Joachim Gauck 大統領の任期中に Schadt 氏がしたことについて尋ねられています。インタビュアーが，ファーストレディーは大統領と違い，身につけている洋服ばかりが世間から注目される存在であることをどう思うか尋ねると，Schadt 氏はそのように感じたことはない，と反論します。そして Schadt 氏自身にもユニセフ（UNICEF）やドイツ児童・青少年財団（Deutsche Kinder- und Jugendstiftung）の後援活動やプロジェクトの見学など独自の公式日程があり，その際にさまざまな人たちと詳しく意見交換をしたことが述べられます。選択肢 **1** は，「外国訪問の際はふさわしい服装でいることに特に注意していた」，選択肢 **2** は「大統領と一緒に行事に参加する際は控えめに振る舞い，大統領の発言に耳を傾けていた」，選択肢 **3** は「大統領とは別に，一人で各種公益団体の行事を訪れることも多かった」，選択肢 **4** は「自分自身のプロジェクトのため，多くの専門家からの助言を受けた」という意味になります。このうち，問題文の内容に合致するのは選択肢 **3** で，これが正解です。[正解率 66.39%]

(C)は，Joachim Gauck 大統領の任期中に Schadt 氏が理解したことを問う質問です。インタビュアーが，大統領が5年前に就任した当時，Schadt 氏がファーストレディーとしてどのような目標を立てたのか，また，そのうちの何を実現できたのか尋ねると，Schadt 氏は，練り上げられた行動計画（Agenda）はなかったものの，知的障害者のスポーツ活動など，理解を広めることが重要だと思っていたことがいくつかあったことを語ります。そして，無報酬で活動する各種団体や市民活動組織，各種財団が協力しあい，さまざまな公的組織と有意義な形で協働できればよいと考えていること，この数年の経験から，具体的な目標としてこうしたことに関わろうとしていることが述べられます。よって正解は選択肢 3 の「民間団体と公的組織の協働が強化されるべきである」になります。選択肢 1 は「ファーストレディーは夫の任期開始以前に独自の行動計画を準備すべきである」で，Schadt 氏が語っていることと噛み合いません。選択肢 2 は「どれだけ多くの障害者がスポーツに取り組んでいるか知る必要がある」という意味です。障害者のスポーツ活動が話題にはなっていても，Schadt 氏の話の力点はスポーツに取り組む障害者の数ではないのでこの選択肢は不正解です。解答の 28.15% がこの選択肢を選んでいました。選択肢 4 は「公的組織が公共のためにどのように機能するのか，自分でもよりよく知る必要がある」でこれもまた本文と合致しません。[正解率 43.28%]

(D)は，Schadt 氏が願う社会の発展のあり方についての質問です。これに関するのは，（男女の）同権（Emanzipation）をどう捉えているかについての質問に Schadt 氏が答える部分です。Schadt 氏はまず，これが根本的には男女に等しく（自己実現の）機会が与えられ，それを本当に掴むことができることと捉えていると述べます。その上で，教育や仕事の領域では，女性が育児休業（Elternzeit）の後も以前の職場に不利益なく復帰できるようにするなどの改善の余地がまだあるとも述べられます。その後には，そうした女性は家庭で過ごす期間でも高い忍耐力と能力を備えていることを示している上，社会的能力も得ているが，この能力は適切に評価されていないという発言が続きます。したがって正解は選択肢 4 の「女性たちが他の人たちとの関わりにおいてなし遂げることはもっと評価されなければならない」が正解になります。選択肢 1 は解答の 46.64% が選択していました。これは「女性が男性と同じ権利を与えられる」という意味です。この内容は問題文でも話題になっていますが，今後の望ましい社会のあり方として話題になっていたのではありません。したがってこの選択肢は不正解です。選択肢 2 は「女性が親の世話をしている間，かつて働いていた職場で働くことができる」，選択肢

3は「女性は家族との日常においても職業上の能力を得ることができる」という意味になり，問題文でSchadt氏の語る内容とは合いません。［正解率14.71％］

(**E**)は，Schadt氏が国民の風潮（Stimmung）をどう考えているか，という問です。これに関する部分は問題文の終盤にあります。インタビュアーは（おそらく2010年代後半になってドイツで高まった従来の政治への不信を念頭に置き）ドイツの風潮をどう思うか尋ねます。これに対してSchadt氏は，不安感が広がっていることは感じるが，大多数のドイツ人の複数主義制度と間接民主制に対する支持は報道で受ける印象よりもはるかに強固であると強く信じていると述べます。また，このことは世論調査でも裏付けられていること，いろいろと欠点はあるとしても，大多数のドイツ人がドイツという国に満足していると感じていることもSchadt氏は語ります。したがって正解は選択肢**2**の「メディアでの報道とは違うとしても，ドイツの人々は間接民主制を信頼している」です。選択肢**1**は「不安を感じるような場所はない」，選択肢**3**は「人々は世論調査ではなく，自分の気持ちを信じるべきであると考えている」という意味です。選択肢**4**は39.08％の解答が選択していましたが，「ドイツ人の多数派は徹底的に議論して再び政治に満足するようになった」という意味になります。Schadt氏はたくさんの人々と話し合うことを通して上のようなことを思うに至ったとは言っていますが，ドイツ人たちが議論を通じて政治に対する考え方を変えたとは言っていないのでこの選択肢も不正解になります。［正解率41.60％］

◇第1部は20点満点（配点4点×5）で，平均点は7.61点でした。

> **Erster Teil** 解説のまとめ
> * この問題文は高度に専門的な内容を含まず，語彙も一般的なものが使われていますが，全体として比較的長い会話文です。問題文には設問には関係ない部分も多く含まれ，集中力を保って聞き続け，解答に必要な情報を掴むことが求められます。最近はインターネットを通じてドイツ語圏のテレビやラジオの番組に簡単に触れられるようになりました。インタビューを含む番組も多くあるので，そうしたものに積極的に触れてみましょう。
> * テキストの中に現れた単語を含む選択肢を選ぶのではなく，テキストの内容に合致する選択肢を選ぶように心がけましょう。1級のテキストは量も多いため，聞きながらメモを取る作業も簡単ではありませんが，メモにとらわれず，テキストの内容の流れにも注意しましょう。

Zweiter Teil テキスト内容の理解

正解 2, 5, 7, 9（順不問）

第2部（Zweiter Teil）は，テキストを聞いて「解答の手引き」に書かれた選択肢の内容の正誤を判断する問題です。選択肢の内容を理解して本文の該当箇所を選択的に聞き取る力，またテキスト全体の主旨と構成を把握する力が問われます。テキストの出典は2012年8月21日付《Frankfurter Rundschau》紙に掲載された記事 „Rätselhafte Bikini-Mädchen" です。出題にあたり，原文の一部をカットしました。テキストは以下の通りです。CDも聞いてください。

Er sieht aus wie das Bikini-Modell, das in diesem Sommer besonders modern ist: Ein knapper Streifen Stoff über der Brust, keine Träger. Doch die Figuren auf dem Mosaik, das den Boden der Villa Romana del Casale auf Sizilien schmückt, sind mehr als 1600 Jahre alt. Man nennt sie die Bikini-Mädchen, doch für Wissenschaftler ist ihr Outfit immer noch ein Rätsel. „Diese Darstellung ist einzigartig", sagt Karl-Wilhelm Weeber, Professor für Alte Geschichte an der Universität Wuppertal. „Ein solcher Zweiteiler als Sport- oder Badebekleidung ist in der gesamten Antike sonst nirgendwo bezeugt."

Zum Frauenbild der römischen Oberschicht wollen die knappen Kleidungsstücke jedenfalls nicht so recht passen. In der Öffentlichkeit hatte sich die vornehme Römerin möglichst unauffällig zu benehmen. Keusch und zurückhaltend sollte sie auftreten, um dem Namen ihres Mannes alle Ehre zu machen.

Ein reicher römischer Aristokrat soll im vierten Jahrhundert auf dem Mosaik gewohnt haben, das eines der zahlreichen Räume seines Anwesens schmückte. Es zeigt zehn junge Frauen in sportlichen Posen. Eine Diskuswerferin, zwei Läuferinnen, zwei Ballspielerinnen, eine Weitspringerin mit Hanteln und die Szene einer Siegerehrung. Am zerstörten linken Oberrand war wohl einmal eine Speerwerferin zu sehen. „In der Öffentlichkeit — zum Beispiel auf dem Marsfeld — durften Frauen keinen Sport treiben", sagt Weeber. Dort schwitzten vor allem Jünglinge, für die die körperliche Ertüchtigung zur militärischen Ausbildung gehörte.

Frauen waren auch als Zuschauerinnen von sportlichen Wettkämpfen ausgeschlossen, weil der Anblick muskulöser Sportler als unkeusch galt. „Wir haben aber durchaus Quellen, die besagen, dass Frauen im abgeschlossenen Raum trainiert haben", sagt Weeber. Ob sie dabei einen Sport-BH trugen, ist nicht überliefert.

Sport wurde auch in den Thermen getrieben. Die großen kaiserlichen Badetempel, in denen mehrere tausend Menschen Platz fanden, waren ausdrücklich auch für die einfache Bevölkerung errichtet worden. Es gehörte zur Kultiviertheit des Menschen, regelmäßig die Thermen zu besuchen. „Es gab keine Plastik-Palmen wie heute in unseren Spaßbädern, sondern erlesene Kunst, die in heutigem Geld Millionen Euro wert wäre", sagt Weeber.

Der römische Philosoph Seneca wohnte gleich über einer solchen Therme. Er entrüstete sich über den Lärm der Sportler: „Wenn die Kräftigeren ihre Leibesübungen treiben und dabei ihre Hanteln schwingen, wenn sie sich abarbeiten oder auch bloß so tun, dann höre ich ihr Stöhnen und, sobald sie dem angehaltenen Atem wieder seinen Lauf lassen, ihr Zischen und heftiges Keuchen", berichtet er. „Kommt vollends noch ein Ballspieler dazu, der zählt, wie oft er den Ball abprallen lässt, dann ist es um mich geschehen". Frauen erwähnt Seneca allerdings nicht.

In den 60er-Jahren vermuteten einige Forscher, dass es sich bei den „Bikini-Mädchen" gar nicht um echte Sportlerinnen handeln könne. Ihnen fiel auf, dass sie nicht gerade athletisch wirkten, berichtet der Altphilologe Rigobert Fortuin, der an der Universität des Saarlandes den Sport im Augustinischen Rom erforscht hat. Sie warfen einen Blick auf die eher wabbeligen als durchtrainierten Bäuche der halbnackten Römerinnen und kamen zu einer erotischen Interpretation: Es sind Entertainerinnen, die eine Revue aufführen, bei der sie Sportgeräte als Requisiten schwenken, vermuteten sie — eine Art Wasserballett zur Animation der männlichen Zuschauer in der Therme. Tanzen galt für die römische Frau als Vorstufe zur Prostitution. Tänzerinnen waren ebenso wie Schauspielerinnen wenig geachtet.

Der Historiker Martin Dolch hatte noch einen anderen Vorschlag. Er glaubte, dass es sich bei dem Mosaik um eine Art Fitness-Anleitung für die Damen des Hauses handelte. Demnach zeigte das Bild verschiedene gymnastische Übungen, die zum diätischen Programm einer jungen Dame gehörten. Die Diätik, die vor allem auf den griechischen Mediziner Galen zurückging, war die Lehre von einer gesunden Lebensweise, die neben ausgewogener Ernährung auch Leibesübungen vorsah.

　選択肢1は「この夏，シチリア島のVilla Romana del Casaleの床を飾るモザイク画に，ツーピースの衣装を身につけた1600体以上の女性像が発見された」という内容です。テキストで述べられているのは「モザイク画に描かれた像は1600年以上前のものだ」ということで，1600は像の数ではありません。したがって選択肢1は不正解です。この選択肢を選んだ解答は9.66％ありました。

　選択肢2は「妻が露出の多い服装で人前に出ると，上流の家柄の古代ローマ人男性は体面を失った」という内容です。テキストにも「上流階級の古代ローマ人女性は夫に高名をもたらすため，控えめで慎み深く振る舞わなければならなかった」とあるので，選択肢2は正解です。［正解率43.28％］

　選択肢3は「モザイク画の『ビキニ娘』は，実際は軍事訓練の代わりにスポーツをする若い貴族たちの姿だった」というものです。「貴族」はテキストではモザイク画のある邸宅の裕福な住人として言及されています。また，公の場で女性がスポーツをすることは認められておらず，練兵場などで汗を流していたのは軍事訓練の一環として肉体の鍛錬を行う青年たちだったと述べられていますが，彼らが「ビキニ娘」のモデルだったという説明はありません。したがって，選択肢3は不正解です。この選択肢を選んだ解答は18.07％でした。

　選択肢4は「古代ローマの時代，女性たちはスポーツをすることは許されなかったが，閉ざされた場所でスポーツ競技を観戦することはできた」という内容です。テキストでは，女性たちは観衆としてもスポーツ競技から排除されていたとあります。また，閉ざされた場所ではトレーニングをしていたとする文献があるとも述べられています。したがって，選択肢4は不正解です。この選択肢を選んだ解答は44.96％でした。

　選択肢5は「一般市民も品位を示すため，定期的に公衆浴場に通った」という内容です。テキストでも，「皇帝によって建設された数千人を収容できる大浴殿があったが，それらは明確に一般の住民も対象とするものとされていた。定期的に公衆浴場に通うことは人間の品位にかなうものだった」と述べられています。したがって，選択肢5は正解です。［正解率71.01％］

選択肢 **6** は「古代ローマの哲学者セネカは，公衆浴場の中，彼のまわりでスポーツをする女性たちが立てる騒音を喜んだ」というものです。テキストには公衆浴場の中でもスポーツが行われていたとあります。セネカはそのような浴場の上に住んでいたということですが，彼はスポーツマンたちが立てる騒音に腹を立てていた，と述べられています。また，セネカは女性については言及していないとのことなので，選択肢 **6** は不正解です。この選択肢を選んだ解答は 21.43% でした。

選択肢 **7** は「『ビキニ娘』の体形から，一部の研究者は彼女たちが本物のスポーツ選手ではなかったと推測した」という内容です。テキストでも，1960 年代に一部の研究者が，鍛え上げられているというよりはむしろぶよぶよしているように見える腹を見て，スポーツ選手ではありえないと推測したとあります。したがって，選択肢 **7** は正解です。[正解率 89.50%]

選択肢 **8** は「公衆浴場の中の観客は『ビキニ娘』を非常に高く評価していた。というのは彼女たちがダンサーや女優たちと同様，プロ選手のようにスポーツをしたからだ」という内容です。テキスト中，「ビキニ娘」は一種の水中バレエのようなレビューを演じる芸人だったのではないかという仮説が紹介されていますが，テキストでは女性ダンサーは女優同様あまり敬意を払われなかったと述べられており，選択肢 **8** は不正解となります。この選択肢を選んだ解答は 19.33% でした。

選択肢 **9** は「歴史学者の Martin Dolch は，モザイク画上の女性たちの描写はフィットネス・プログラムの見本の役目があったと推測した」という内容です。テキストでも最後にこの仮説が紹介されており，「モザイク画は家庭婦人のための一種のフィットネス・マニュアルで，絵はダイエット・プログラムの一環としてのさまざまな体操を示している」とあります。したがって選択肢 **9** は正解です。[正解率 82.77%]

◇第 2 部は 16 点満点（配点 4 点×4）で，平均点は 11.46 点でした。

Zweiter Teil 解説のまとめ

＊まずは「解答の手引き」に書かれている選択肢をあらかじめしっかり読んでください。正解と不正解が入り混じっていますが，テーマやおおよその内容，キーワードを知ることができます。

＊各種の教材に含まれるテキストやインターネットニュースの音声を聞き，聞き取れた内容を最初から順番に文の形でメモする練習を繰り返し行うと

効果的です。最初のうちは日本語で書き取ってもかまいません。書き取った文章が一つの話の流れを構成しているか確認し，最後にテキストと照らし合わせて正誤をチェックしてみましょう。

【二次口述試験】

　1級における評価基準は，1. 発音の正確さ，イントネーションの適切さ，2. 適切な語彙と文法の知識，3. テーマに則した意見を述べる能力，4. 一般的なコミュニケーション能力の四つです。ドイツ語を母語とする試験委員による質問で試験は進行し，その質疑に立ち会う日本人試験委員も独自に採点します。この口述試験の評点と一次試験の得点を総合して，独検審査委員会*が1級の最終合否を判定します。

　1級の口述試験では，試験場で四つのテーマとそれについての短い説明文のリストが受験者に提示されます。受験者は3分間でその中からテーマを選択し，考えをまとめなければなりませんから，どのテーマにするかを早めに決断する必要があります。テーマを選んだ後は，説明文の内容に則してポイントを決めて，自分の考えをまとめておきましょう。なお，メモをとることができないので，頭の中で整理して覚えておく必要があります。それに続いて面接委員との質疑応答がありますが，最初の3分間を含めて口述試験は全体で13分程度ですから，自分の意見を長々と述べる必要はありません。要点を押さえて自分の考えを明確に述べ，質問に的確に答えるように心がけましょう。

　今回の面接試験のテーマは，1. Lieber ein guter Nachbar als ein ferner Freund, 2. Fitness mit dem Smartphone, 3. Eigentum oder Miete — Wie lebt es sich besser?, 4. „Falschnachrichten" — Kann man den Medien noch trauen? の四つでした。このうち1を選んだ受験者が12名，2が2名，3が7名，4が7名（欠席1名）という結果でした。それぞれの説明文に関しては，前掲の1級二次試験の問題を参照してください。今回の出題は，1が近所に住む人たちとの人間関係について，2が電子機器のスポーツへの利用について，3が家や住居を購入すべきかについて，4がニュースの信頼性についてとなっています。新聞，雑誌，インターネットなどのメディアで話題になっているテーマが出題される傾向にあるので，今話題になっているテーマをドイツ語で話すことができるように普段から練習しておくことが試験対策になります。同時に，要点をおさえて自分の意見を簡潔に述べる習慣もつけておきましょう。自分の考え方やテーゼについての論点や論拠も一つだけでなく，二つ以上は述べられるようにしておきたいところです。

　*独検審査委員会：ドイツ語学文学振興会理事，ゲーテ・インスティトゥート代表，ドイ

ツ大使館文化部代表，オーストリア大使館文化部代表，スイス大使館文化部代表，独検出題者会議議長，独検出題者会議副議長 (以上 19 名) で構成する。

2017年度ドイツ語技能検定試験結果概要
年度別結果比較

2017年度ドイツ語技能検定試験
結 果 概 要

夏　期――5級4級3級2級試験――

（筆記・聞き取り試験　2017年6月25日実施）

出願者総数：　5,101名（男2,313名　女2,788名）

実数：　4,461名（男2,012名　女2,449名）

	出願者	受験者	合格者	合格率	合格最低点	平均点
5級	742	667	632	94.75%	61.11	83.81
4級	1,460	1,279	958	74.90%	60.26	70.42
3級	1,808	1,545	813	52.62%	59.56	59.96
2級	1,091	949	384	40.46%	55.56	53.38

1) 出願者実数を除き，すべての数字は併願者を含む。
2) 成績優秀者は3位まで表彰する。
3) 試験場（30会場；＊印は非公開）：
　　北海学園大学　東北大学　新潟大学　富山大学
　　信州大学　栃木県総合文化センター（宇都宮大学）　獨協大学
　　成蹊大学　成城大学　創価大学　東京電機大学　日本大学文理学部
　　武蔵大学　早稲田大学　日本大学国際関係学部
　　中京大学　京都外国語大学　立命館宇治高等学校＊　関西大学
　　甲南大学＊　奈良女子大学　島根大学　広島大学　香川大学
　　松山大学　福岡教育大学　長崎純心大学＊
　　大分県立芸術文化短期大学　宮崎産業経営大学　鹿児島大学

冬　期 ——全級試験——

一次試験　（筆記・聞き取り試験　2017 年 12 月 3 日実施）

出願者総数：　8,683 名（男 3,964 名　女 4,719 名）
実数：　7,551 名（男 3,455 名　女 4,096 名）

	出願者	受験者	合格者	合格率	合格最低点	平均点
5 級	1,071	941	887	94.26%	61.11	83.73
4 級	2,597	2,296	1,327	57.80%	60.26	63.11
3 級	2,501	2,096	1,150	54.87%	55.15	58.17
2 級	1,472	1,257	453	36.04%	51.39	47.41
準 1 級	771	683	248	36.31%	52.15	48.16
1 級	271	238	29	12.18%	60.00	43.24

1) 出願者実数を除き，すべての数字は併願者，一次試験免除者を含む。
2) 5 級，4 級，3 級，2 級は一次試験合格者が最終合格者となる。
　成績優秀者は 3 位まで表彰する。
3) 試験場（34 大学；* 印は非公開）：
　北海道情報大学　東北大学　新潟大学　金沢大学
　筑波大学　宇都宮大学　群馬大学　信州大学　獨協大学　麗澤大学
　学習院大学　成城大学　中央大学　日本大学法学部*
　武蔵大学　明治大学　立教大学　慶應義塾大学
　日本大学国際関係学部　名古屋大学　立命館大学　甲南大学*
　関西学院大学　奈良女子大学　岡山大学　広島大学
　松山大学　山口大学　福岡大学　長崎外国語大学
　大分県立芸術文化短期大学　熊本大学　鹿児島大学　沖縄国際大学

二次試験　（口述試験　2018 年 1 月 28 日実施）

受験有資格者：　準 1 級　248 名
　　　　　　　　1 級　29 名

	受験者	合格者	合格率	対一次受験者合格率
準 1 級	242	206	85.12%	30.16%
1 級	28	24	85.71%	10.08%

1) すべての数字は併願者，一次試験免除者を含む。
2) 二次試験不合格者のうち，一次試験の高得点者には，次年度に限り一次試験免除の特典を与える。本年度の該当者は準 1 級 1 名，1 級 0 名。
3) 準 1 級，1 級の成績優秀者は，一次試験と二次試験の得点の合計により順位を決定し，3 位まで表彰する。
4) 試験場：北海道大学　学習院大学　関西学院大学　広島大学　福岡大学

5級

		夏期試験					冬期試験				
年度	出願者	受験者	合格者	合格率	合格最低点	平均点	出願者	受験者	合格者	合格率	合格最低点	平均点
2010	544	484	444	91.74%	76.47	88.70	1284	1169	988	84.52%	65.71	78.31
2011	707	626	586	93.61%	74.29	88.47	1053	959	844	88.01%	73.53	85.72
2012	780	696	633	90.95%	74.29	86.92	912	821	707	86.11%	67.65	80.96
2013	746	657	573	87.21%	70.59	83.90	1066	936	802	85.68%	67.65	79.50
2014	816	716	633	88.41%	73.53	85.44	1038	931	790	84.85%	72.22	83.21
2015	888	791	690	87.23%	72.22	85.82	1079	968	854	88.22%	72.22	85.78
2016	705	629	559	88.87%	75.00	86.76	1141	1006	906	90.06%	61.11	80.36
2017	742	667	632	94.75%	61.11	83.81	1071	941	887	94.26%	61.11	83.73

4級

		夏期試験					冬期試験				
年度	出願者	受験者	合格者	合格率	合格最低点	平均点	出願者	受験者	合格者	合格率	合格最低点	平均点
1996	1989	1653	1297	78.46%	60.3	73.19	4328	3680	2401	65.24%	60.5	67.70
1997	2239	1850	1377	74.43%	60.0	71.53	4296	3678	2099	57.07%	59.2	63.07
1998	2118	1777	1172	65.95%	60.1	67.43	4273	3637	2235	61.45%	60.3	66.28
1999	2349	1967	1376	69.95%	60.4	68.50	3960	3423	1901	55.54%	58.0	61.12
2000	2009	1706	964	56.51%	58.3	61.92	4062	3622	2297	63.42%	60.26	66.53
2001	1848	1560	1148	73.59%	60.26	69.80	3698	3291	1997	60.68%	58.33	63.42
2002	1971	1708	1237	72.42%	60.38	71.40	4163	3675	2303	62.67%	59.62	65.71
2003	2159	1895	1427	75.30%	60.26	70.75	3922	3484	2443	70.12%	60.13	69.38
2004	2392	2113	1563	73.97%	60.13	71.14	4027	3616	2582	71.40%	60.13	68.79
2005	2158	1843	1223	66.36%	60.13	67.74	3916	3513	2603	74.10%	60.00	68.75
2006	1939	1675	1119	66.81%	60.00	67.12	4073	3644	2692	73.87%	60.00	71.20
2007	2077	1812	1430	78.92%	60.00	72.24	3962	3590	2277	63.43%	58.67	63.29
2008	1854	1588	1114	70.15%	60.00	68.42	3853	3423	2160	63.10%	60.54	67.07
2009	1636	1415	1047	73.99%	60.54	71.45	3500	3133	2102	67.09%	60.00	66.43
2010	1769	1551	1151	74.21%	60.00	70.46	3455	3163	2095	66.23%	60.00	65.75
2011	1616	1427	1129	79.12%	60.00	72.01	3206	2923	2270	77.66%	60.00	71.87
2012	1664	1464	1102	75.27%	60.00	71.91	3267	2992	1625	54.31%	54.00	56.58
2013	1583	1381	882	63.87%	60.00	65.46	3172	2851	1765	61.91%	58.67	64.67
2014	1444	1260	1051	83.41%	60.00	73.79	3013	2759	1911	69.26%	60.00	68.64
2015	1546	1335	1035	77.53%	60.00	72.51	3172	2831	1920	67.82%	60.00	67.79
2016	1466	1285	940	73.15%	60.00	69.69	2748	2443	1771	72.49%	60.26	67.29
2017	1460	1279	958	74.90%	60.26	70.42	2597	2296	1327	57.80%	60.26	63.11

3級

夏期試験

年度	出願者	受験者	合格者	合格率	合格最低点	平均点
1996	2395	1987	881	44.34%	60.0	57.31
1997	2396	2053	1015	49.44%	61.7	60.68
1998	2338	1975	946	47.90%	57.0	55.79
1999	2321	1993	1022	51.28%	65.4	64.72
2000	2255	1960	987	50.36%	61.1	60.67
2001	2086	1820	927	50.93%	60.07	61.84
2002	2175	1925	989	51.38%	59.86	60.64
2003	2418	2127	1137	53.46%	62.68	63.38
2004	2388	2105	1141	54.20%	68.12	69.03
2005	2340	2041	1086	53.21%	64.38	64.77
2006	2259	1989	1074	54.00%	56.29	57.98
2007	2162	1885	999	53.00%	65.56	66.06
2008	2217	1951	1046	53.61%	65.56	66.10
2009	2111	1838	970	52.77%	62.68	63.76
2010	2112	1822	954	52.36%	60.56	62.56
2011	1985	1724	904	52.44%	62.68	63.39
2012	2210	1920	1056	55.00%	62.59	62.97
2013	2038	1726	943	54.63%	56.12	57.85
2014	1921	1622	871	53.70%	55.40	56.96
2015	1901	1639	896	54.67%	60.29	62.04
2016	1942	1671	875	52.36%	52.21	53.67
2017	1808	1545	813	52.62%	59.56	59.96

冬期試験

年度	出願者	受験者	合格者	合格率	合格最低点	平均点
1996	3514	3046	1502	49.31%	65.2	62.94
1997	3170	2694	1366	50.71%	61.2	60.35
1998	3291	2838	1508	53.14%	70.2	69.44
1999	3153	2712	1350	49.78%	60.3	59.49
2000	2851	2498	1320	52.84%	64.14	64.44
2001	2713	2419	1219	50.39%	57.62	57.38
2002	3100	2762	1399	50.65%	60.00	59.44
2003	3002	2674	1386	51.83%	67.39	67.36
2004	3175	2824	1523	53.93%	61.64	61.50
2005	3000	2668	1417	53.11%	61.59	61.61
2006	2965	2608	1399	53.64%	61.59	62.41
2007	3097	2759	1446	52.41%	60.93	61.68
2008	3044	2603	1363	52.36%	61.27	62.09
2009	2632	2266	1163	51.32%	66.20	66.12
2010	2686	2359	1229	52.10%	54.23	55.28
2011	2663	2304	1201	52.13%	58.27	59.29
2012	2656	2267	1059	46.71%	51.08	51.10
2013	2507	2149	1124	52.30%	53.24	54.16
2014	2474	2133	1186	55.60%	63.24	64.63
2015	2779	2346	1184	50.47%	52.21	53.05
2016	2494	2100	1095	52.14%	55.15	56.81
2017	2501	2096	1150	54.87%	55.15	58.17

2級

夏期試験

年度	出願者	受験者	合格者	合格率	合格最低点	平均点
2010	1259	1141	578	50.66%	57.55	57.48
2011	1127	1008	515	51.09%	56.83	57.22
2012	1277	1155	495	42.86%	55.00	52.58
2013	1164	1044	479	45.88%	56.43	55.14
2014	1105	990	431	43.54%	55.71	54.63
2015	1132	1009	464	45.99%	57.64	56.68
2016	1095	972	422	43.42%	60.42	58.20
2017	1091	949	384	40.46%	55.56	53.38

冬期試験

年度	出願者	受験者	合格者	合格率	合格最低点	平均点
2010	1617	1456	758	52.06%	62.14	62.42
2011	1512	1358	703	51.77%	61.43	61.64
2012	1616	1425	608	42.67%	55.71	53.69
2013	1485	1309	679	51.87%	62.14	62.24
2014	1534	1375	552	40.15%	55.56	53.45
2015	1659	1468	599	40.80%	52.08	49.85
2016	1565	1340	536	40.00%	59.03	55.44
2017	1472	1257	453	36.04%	51.39	47.41

■ 準1級 ■

年度	出願者	一次試験 受験者	合格者	合格率	合格最低点	平均点	二次試験 受験者	合格者	合格率	対一次受験者合格率
1994	2380	2154	506	23.49%	64.1	52.93	483	306	63.35%	14.21%
1995	2162	1888	423	22.40%	58.2	47.52	406	222	54.68%	11.76%
1996	2112	1829	615	33.62%	70.2	61.83	593	246	41.48%	13.45%
1997	2003	1740	548	31.49%	66.4	57.96	513	237	46.20%	13.62%
1998	2090	1840	554	30.11%	72.2	64.09	540	249	46.11%	13.53%
1999	2165	1920	599	31.20%	64.9	57.06	587	248	42.25%	12.92%
2000	1976	1783	616	34.55%	73.20	66.96	603	264	43.78%	14.81%
2001	1750	1576	599	38.01%	73.00	68.20	571	274	47.99%	17.39%
2002	1830	1655	573	34.62%	62.64	57.19	554	386	69.68%	23.32%
2003	1776	1584	615	38.83%	56.40	53.08	594	460	77.44%	29.04%
2004	1973	1777	639	35.96%	58.33	53.35	621	471	75.85%	26.51%
2005	1898	1693	633	37.39%	58.13	53.63	622	479	77.01%	28.29%
2006	1887	1676	572	34.13%	50.59	45.76	559	445	79.61%	26.55%
2007	1706	1504	545	36.24%	56.21	51.70	537	442	82.31%	29.39%
2008	992	914	355	38.84%	60.36	57.36	347	271	78.10%	29.65%
2009	1034	934	344	36.83%	56.14	52.02	333	265	79.58%	28.37%
2010	967	880	350	39.77%	60.36	56.52	336	257	76.49%	29.20%
2011	929	847	325	38.37%	55.03	52.18	319	242	75.86%	28.57%
2012	926	829	316	38.12%	53.89	50.54	309	260	84.14%	31.36%
2013	885	792	305	38.51%	52.69	49.61	297	245	82.49%	30.93%
2014	820	751	244	32.49%	51.53	46.56	238	207	86.97%	27.56%
2015	833	753	290	38.51%	54.60	51.52	286	230	80.42%	30.54%
2016	832	760	321	42.24%	60.12	56.63	316	273	86.39%	35.92%
2017	771	683	248	36.31%	52.15	48.16	242	206	85.12%	30.16%

■ 1級 ■

年度	一次試験						二次試験			
	出願者	受験者	合格者	合格率	合格最低点	平均点	受験者	合格者	合格率	対一次受験者合格率
1994	303	274	43	15.69%	67.5	48.35	42	31	73.81%	11.31%
1995	323	292	40	13.70%	70.0	51.41	40	28	70.00%	9.59%
1996	306	270	55	20.37%	73.0	56.37	54	37	68.52%	13.70%
1997	317	286	42	14.69%	72.9	54.60	41	28	68.29%	9.79%
1998	283	256	32	12.50%	62.5	48.16	30	18	60.00%	7.03%
1999	280	258	48	18.60%	63.1	49.95	48	36	75.00%	13.95%
2000	259	238	70	29.41%	73.12	63.97	68	39	57.35%	16.39%
2001	279	250	61	24.40%	73.02	62.47	57	38	66.67%	15.20%
2002	289	269	59	21.93%	68.28	55.38	58	39	67.24%	14.50%
2003	300	284	84	29.58%	70.29	61.04	82	57	69.51%	20.07%
2004	352	323	58	17.96%	60.00	46.81	57	37	64.91%	11.46%
2005	328	295	52	17.63%	60.23	46.46	46	34	73.91%	11.53%
2006	324	297	53	17.85%	60.23	46.17	53	35	66.04%	11.78%
2007	303	273	54	19.78%	63.53	51.73	53	35	66.04%	12.82%
2008	292	259	50	19.31%	61.76	48.46	46	34	73.91%	13.13%
2009	283	261	43	16.48%	60.00	47.71	42	26	61.90%	9.96%
2010	278	256	27	10.55%	59.09	42.12	26	22	84.62%	8.59%
2011	258	239	29	12.13%	60.23	43.79	28	21	75.00%	8.79%
2012	241	223	55	24.66%	63.64	53.34	55	28	50.91%	12.56%
2013	296	270	67	24.81%	70.45	58.98	67	53	79.10%	19.63%
2014	265	245	40	16.33%	60.23	46.05	39	25	64.10%	10.20%
2015	298	265	61	23.02%	60.23	49.35	60	52	86.67%	19.62%
2016	316	275	53	19.27%	60.23	50.49	52	36	69.23%	13.09%
2017	271	238	29	12.18%	60.00	43.24	28	24	85.71%	10.08%

注）1．得点は各級とも100点満点に換算した数字です。
　　2．準1級は2008年度からの呼称。2007年度までの2級に相当します。
　　3．2016年度より春期試験→夏期試験、秋期試験→冬期試験に改称しました。

┌─────────────────────────────────────┐
│ ──「独検」についての問い合わせ先── │
│ （公財）ドイツ語学文学振興会　独検事務局 │
│ 113-0033　東京都文京区本郷 5-29-12-1006 │
│ 　　　　電話（03）3813-0596 │
└─────────────────────────────────────┘

独検過去問題集 2018 年版〈2 級・準 1 級・1 級〉

2018 年 4 月 20 日　発　行

　　編　者　公益財団法人ドイツ語学文学振興会
　　発行者　大　井　敏　行
　　発行所　株式会社 郁文堂
　　　　　　113-0033　東京都文京区本郷 5-30-21
　　　　　　電話［営業］03-3814-5571　［編集］03-3814-5574
　　　　　　振替 00130-1-14981
　　　　印刷 研究社印刷　製本 国宝社

ISBN978-4-261-07337-9　　許可なく複製・転載すること，ならびに
© 2018　Printed in Japan　　部分的にもコピーすることを禁じます．